Aux Militaires coloniaux et aux Municipalités

LE
PEUPLEMENT
DE
NOS COLONIES

CONCESSIONS DE TERRES

MADAGASCAR — INDO-CHINE FRANÇAISE
N^{elle}-CALÉDONIE — CONGO — TUNISIE — DJIBOUTI

Par CH. LEMIRE
Résident honoraire, Vice-Président du Groupe colonial
des Conseillers du Commerce extérieur
et du Syndicat de la Presse coloniale

4e ÉDITION
AUGMENTÉE ET ACCOMPAGNÉE DE DOCUMENTS
OFFICIELS ANNEXES

Prix : **1 fr. 50**

PARIS
CHALLAMEL, ÉDITEUR-LIBRAIRE
17, rue Jacob, 17

1900

LE PEUPLEMENT DE NOS COLONIES

OUVRAGES DE CH. LEMIRE

Indo-Chine

L'Indo-Chine Française (Cochinchine, Annam, Tonkin, Cambodge). Avec deux cartes, plans, illustrations d'après nature, cinquième édition. A. Challamel éditeur, 17, rue Jacob............ 6 »
La Cochinchine et le Cambodge, avec l'itinéraire de Paris en Indo-Chine et 4 cartes, 7e édition, même éditeur........................ 4 »
Exposé des relations du Cambodge avec l'Annam, le Siam et la France. Une carte...... 2 50
Les frontières de l'Annam-Tonkin avec le Siam et la Birmanie (épuisé).
Le Laos annamite (Régions d'Ailao et du Tran-Ninh) avec 3 cartes et une phototypie. Germain et Grassin éditeurs, Angers. Challamel, Paris.. 3 »
Les monuments anciens des Kiams, avec illustrations. Tour du monde. Hachette, Paris
Les cinq pays de l'Indo-Chine et le Siam avec 4 cartes et 24 gravures (1900)............... 2 »

Océanie

La colonisation française en Nouvelle-Calédonie et dépendances, avec itinéraires de France à Nouméa, 6 cartes en couleurs, plans, gravures, autographie, illustrations de Benett, publié par ordre du Ministère des Colonies. Challamel, éditeur........................... 20 »
Voyage à pied en Nouvelle-Calédonie et description des Nouvelles-Hébrides avec 2 cartes et 14 illustrations d'après nature. Quatrième édition, même éditeur....................... 6 »
Guide-Agenda de France en Australie, en Nouvelle-Calédonie par la voie de Marseille à la Réunion, avec deux cartes, même éditeur...... 3 »
Guide-Agenda de France en Nouvelle-Calédonie et à Taïti par la voie des deux Caps, avec 2 cartes 3 »

L'Australie comparée à la France, avec gravures. Bibliothèque de vulgarisation, (épuisé).
L'Instruction Publique en Australie. Challamel, éditeur... 1 »

Colonisation Française

Les Colonies et la Question sociale en France, Challamel, éditeur, 17, rue Jacob............ 1 50
Le Peuplement de nos Colonies et les concessions de terres, 4e édition, avec portrait et documents annexes (1900)......... 1 50
(Ces ouvrages sont destinés aux Conseils municipaux de France)
La Défense nationale. La France et le réseau électrique avec nos colonies et l'étranger, avec 5 cartes (1900), même éditeur.............. 1 50

Histoire

Excursions patriotiques (Alsace-Lorraine, Domrémy) avec cartes, gravures, phototypie (épuisé).
Jeanne d'Arc et le sentiment national. Fête générale. E. Leroux, éditeur, 28, rue Bonaparte, 2e édition illustrée, avec cartes, gravures et annexes... 3 50
Le Barbe-Bleue de la légende et de l'histoire (Le Maréchal de Rais et le Connétable de Richemont) avec illustrations d'après nature et itinéraires. Même éditeur.. 3 »
L'épisode de Barbe-Bleue (Gilles de Rais) au théâtre. Deuxième édition, Germain et Grassin éditeurs, Angers, Tresse et Stock, place du Théâtre-Français, Paris.

Ces ouvrages ont été couronnés par l'Institut, par les Sociétés de géographie ; ils sont adoptés par le Conseil de l'Instruction publique, les Ministères, les Colonies, les Chambres de commerce, la Ville de Paris, la Société Franklin, les Bibliothèques scolaires et populaires.

Des réductions de tarif sont accordées aux établissements publics et pour distribution de prix.

*Au général GALLIÉNI
Gouverneur général et Commandant en chef
de Madagascar et ses Dépendances,
Pacificateur et Colonisateur.*

---

*Aux Militaires coloniaux
et à leur Famille
la première part des territoires
conquis par eux pour la France.*

Aux Militaires coloniaux et aux Municipalités

LE
PEUPLEMENT
DE
NOS COLONIES

CONCESSIONS DE TERRES

MADAGASCAR — INDO-CHINE FRANÇAISE
N^{elle}-CALÉDONIE — CONGO — TUNISIE — DJIBOUTI

Par CH. LEMIRE

Résident honoraire, Vice-Président du Groupe colonial
des Conseillers du Commerce extérieur
et du Syndicat de la Presse coloniale

4e ÉDITION
AUGMENTÉE ET ACCOMPAGNÉE DE DOCUMENTS
OFFICIELS ANNEXES

Prix : 1 fr. 50

PARIS
CHALLAMEL, ÉDITEUR-LIBRAIRE
17, rue Jacob, 17

1900

GOUVERNEMENT GÉNÉRAL
de
Madagascar et Dépendances
N° 5375

Lettre du Général PENNEQUIN
GOUVERNEUR GÉNÉRAL DE MADAGASCAR

Tananarive, le 22 Novembre 1899.

J'ai l'honneur de vous remercier de l'envoi de votre ouvrage sur « Le peuplement de nos Colonies. » Je l'ai lu avec le plus vif intérêt. Les idées qui y sont exposées et que j'ai beaucoup appréciées, ont été déjà mises en pratique à Madagascar par M. le général Galliéni. Vous pourrez, en effet, remarquer à la lecture des documents ci-inclus, que des mesures de faveur spéciales sont prises à l'endroit des militaires qui manifestent l'intention de s'installer dans la colonie, pour y créer des exploitations agricoles.

J'ajoute que de nombreux soldats se sont déjà fixés en Emyrne. Les résultats qu'ils ont obtenus jusqu'ici sont encourageants, et ne peuvent qu'inciter l'autorité supérieure à favoriser ce mouvement dans la plus large mesure possible.

C'est pourquoi je ne verrais que des avantages à propager, dans les principaux centres de la grande île, la publication que vous avez fait paraître.

Agréez, etc...
Signé : PENNEQUIN.

(1) Voir page 66 la lettre du général Galliéni du 7 Janvier 1897.

AVANT-PROPOS

On me demande pourquoi je publie cette série d'études sur les questions coloniales, extérieures et historiques, concernant notre pays.

L'un des historiens récents de Jeanne d'Arc — et je m'honore grandement d'être du nombre — écrivait dernièrement ceci, à propos de ses travaux sur Pascal et Bossuet : « Je suis redevable de mon labeur à ma patrie et à mes concitoyens, que je dois servir et aimer. »

Telle est la seule pensée qui inspire et guide tout ce que je publie. Qui voudra nier que l'intention, comme le fait, ne servent l'intérêt général ?

La preuve en est — et j'en suis très fier et très heureux — que la présente publication en est à sa 4me édition, comme mon premier ouvrage sur l'Indo-Chine en est à sa 7me.

Loin de moi l'idée de m'en prévaloir comme un mérite; mais la conclusion à en tirer, c'est que l'étude pratique des questions coloniales, extérieures, historiques, pénètre enfin de plus en plus dans les esprits et attire l'attention de la masse de notre nation, au grand profit de la Mère Patrie et de nos colonies.

Voilà pourquoi je continue ces modestes travaux, persuadé qu'en le faisant j'aime et je sers mes concitoyens et ma patrie, à laquelle je me sens « redevable de mon labeur ! »

CH. LEMIRE.

15 avril 1900.

LE PEUPLEMENT DE NOS COLONIES

PREMIÈRE PARTIE

La part des militaires Coloniaux dans la Colonisation

DIVERS PROCÉDÉS DE COLONISATION

S'il est une question à l'ordre du jour, c'est celle du *Peuplement de nos colonies par des Français*. Nous avons déjà envisagé la colonisation par divers procédés qui ont chacun leur valeur. Ce sont :

1° Les grandes compagnies en projet.

Les agissements des compagnies anglaises royales ou à charte ont montré récemment les avantages et les graves dangers de ces entreprises. Elles peuvent être un « mal nécessaire »; elles peuvent avoir les meilleurs résultats à longue échéance. Elles préparent la colonisation individuelle ;

2° L'immigration individuelle et la colonisation familiale, à capitaux restreints ; c'est celle, à nos yeux, qui est la plus intéressante et mérite le plus d'encouragements ;

3º La colonisation par l'assistance et l'assistance par la colonisation (1) ;

4º La colonisation pénitentiaire par des condamnés de droit commun, des déportés politiques ou des relégués. Le résultat a été aussi onéreux qu'insuffisant et souvent nuisible. Nous en avons maintes fois exposé tous les inconvénients ;

5º La colonisation par des militaires congédiés sur place.

COLONISATION PAR DES MILITAIRES COLONIAUX

C'est ce procédé qui prime en ce moment les autres et qui mérite une étude spéciale.

La conquête de Madagascar a créé un puissant courant d'opinion en vue de la constitution d'une armée coloniale, de la mise en valeur de nos possessions et des concessions à allouer aux soldats expéditionnaires.

On leur accorde la médaille coloniale avec une agrafe spéciale. C'est le côté honorifique ; tout pour la gloire. Et, en effet, ils ont été à l'honneur et la Mère-patrie leur est reconnaissante.

Ne doivent-ils pas aussi être un peu au profit ? N'est-ce pas à eux que revient la première part des territoires conquis par eux ?

---

(1) Voir : *Les Colonies et la Question sociale*, par Ch. Lemire. Challamel, éditeur, 17, rue Jacob, Paris. Prix : 1 fr. 50.

PROJET ROCHEFORT

Des projets ont surgi de divers côtés. Le plus surprenant et le plus suggestif n'est-il pas celui qui émane de M. *Rochefort?*

Ce publiciste ardent n'a jamais été partisan des expéditions coloniales. Il a dépeint nos acquisitions sous les couleurs les plus sombres. Cependant, lui aussi, cherche aujourd'hui à en faire profiter nos soldats et leurs familles. Il disait naguère que son projet lui avait valu de tous côtés de chaleureuses félicitaions. Qu'il nous permette d'y joindre les nôtres.

A son instigation, le député socialiste, M. *Gérault-Richard*, avait déposé au Parlement le projet de loi suivant pour lequel il demandait l'urgence:

Article 1er. — Dans toutes les concessions accordées ou à accorder à des sociétés et entreprises financières, industrielles, commerciales ou agricoles, sur le territoire de la colonie de Madagascar, une part de propriété équivalente à 33 o/o du capital engagé sera attribuée aux soldats survivants ou aux familles (père, mère, aïeul, femme, enfants) des soldats décédés qui ont appartenu au corps expéditionnaire !

Art. 2. — Les titres de propriété seront déposés au ministère des finances, qui assurera le recouvrement et la répartition, entre les titulaires, des bénéfices y afférents.

Art. 3 — A la mort des titulaires, ces titres de propriété feront retour à la nation.

Avouons-le de suite, cette proposition ne nous semble pas viable. Aucune de ces sociétés ou entreprises ne consentira à aliéner le 1/3 de son capital ou de ses biens. Elles ne paraissent pas disposées à rendre compte au ministère, ni à d'autres, de leurs opérations et de leurs résultats.

Il faudrait aussi admettre *à priori* qu'il n'y aura que des bénéfices. S'il n'y en a pas, où sera l'avantage des bénéficiaires du 1/3 ?

S'il y a des pertes, ces intéressés pour le 1/3 y participeront-ils au prorata de leur part ?

S'il y a des bénéfices, comment le ministère opérera-t-il le recouvrement et la répartition du tiers ? Comment faire tenir ces bénéfices aux familles des décédés ou à leurs héritiers ?

Les titres attribués aux familles des soldats décédés seront-ils transmissibles par héritages ?

On le voit, l'économie du projet semble fort peu pratique et susciterait tant de difficultés d'application qu'il n'a pas, selon nous, chance d'aboutir.

PROJET BOZERIAN

L'honorable sénateur, M. Bozerian, s'était borné à demander pour les sous-officiers, rentrant de Madagascar, des emplois administratifs dans la métropole. Il propose de sanctionner par une loi nouvelle, un engagement ancien qui n'a pas été tenu, consistant à *réserver obligatoirement des emplois aux sous officiers médaillés de Madagascar*. C'est fort bien. Mais s'il n'y a pas d'emplois vacants ? Les sous-officiers attendront. Or, ils ne peuvent pas attendre.

Pourquoi donc en faire des employés ? C'est la manie bureaucratique qui s'exerce et qui triomphe. Pourquoi n'en pas faire *des colons privilégiés*, et justement privilégiés puisqu'ils auraient payé leurs privilèges de leur sang ?

Pourquoi condamner ces activités et ces intelligences à n'être plus que des ronds de cuir ou des gratte-papier dans la métropole où il y a pléthore ?

Encore faut-il qu'il y ait des vacances en grand nombre et en même temps disponibles. Or ce n'est pas le cas, il y a encombrement. L'attente serait longue et trop souvent trompeuse. C'est donc s'exposer à des illusions.

SOLDATS ET COLONS PÉNITENTIAIRES

Enfin un publiciste parisien (1) a proposé de former avec le personnel de nos établissements Pénitentiaires une armée de soldats et de colons, spécialement affectée à la conquête, à la défense et à l'exploitation de nos colonies.

Que pourrait faire une armée coloniale composée de tous les malandrins, de tous les écumeurs de routes ? Que deviendrait le pays qu'ils seraient appelés à conquérir, à protéger, à civiliser ? Quel agriculteur, quel commerçant oserait s'établir dans une région livrée à des hordes de bandits armés et indisciplinés ? Comment rallier à nous des populations indigènes terrifiées par une semblable invasion ?

Quant aux criminels colons, l'expérience a été faite à la Nouvelle-Calédonie et à la Guyane.

---

(1) Paul Adam.

Nous en avons exposé ailleurs les tristes et onéreux résultats. La colonisation volontaire et libre a été entravée et ne peut se développer dans le voisinage ni des condamnés, ni des relégués, ni des libérés. L'Australie, dont on cite toujours à tort l'exemple, s'est empressée de se débarrasser, par les moyens les plus énergiques, de ses convicts, bien que non armés.

AFFECTATION DES CONDAMNÉS AUX TRAVAUX PRÉPARATOIRES DE LA COLONISATION

Les condamnés ne peuvent et ne doivent prendre part à la colonisation que pour préparer l'œuvre du colon libre. C'est eux qui doivent être chargés des percements de routes, des déboisements, des défrichements, de l'irrigation, des desséchements de marais, des constructions de toute sorte, en un mot des *travaux publics*. Ils ne sauraient être détournés de leur affectation *légale*.

Le projet n'entraine donc que des dangers sans avantages pratiques et doit borner l'emploi des condamnés à la préparation de l'œuvre du colon libre, comme vient de le demander M. de Mahy.

De ce que les trois propositions successivemen exposées ci-dessus semblent des utopies, il faut néanmoins retenir les idées qui les ont inspirées, à savoir que nos *soldats* doivent retirer des expéditions coloniales auxquelles ils ont pris part des *avantages spéciaux*. Il y a unanimité sur ce point.

SOLDATS COLONIAUX

Ce que nous voulons, c'est servir à la fois la cause des soldats coloniaux et celle de la colonisation.

Les deux intérêts sont connexes et se complètent l'un l'autre. Nous espérons démontrer qu'il s'agit ici d'un intérêt national.

CONCESSIONS SUR PLACE

Nous posons l'obligation du *séjour aux colonies*. Ce n'est donc pas aux soldats *rentrés* des colonies que nous voulons voir accorder des concessions; mais à ceux qui sont en service aux colonies et y *resteront volontairement*, ou y retourneront.

C'est aux *familles* des soldats *présents* aux colonies ou décédés aux colonies qu'il y a lieu de réserver des concessions; à la condition que ces familles se rendent sur leurs concessions et y habitent en les exploitant ou en les faisant exploiter par leurs propres moyens.

C'est ainsi, qu'ayant d'une part la *terre* et le *bras* qui l'a conquise, on aura d'autre part le *cultivateur* et le *défenseur du sol* mis en valeur. Nous avons la matière première, nous aurons l'instrument et l'ouvrier, la propriété et le propriétaire foncier, le pays neuf et l'élément de peuplement, les planteurs et les milices locales de notre race.

Les sociétés d'Alsaciens-Lorrains, de secours aux militaires coloniaux, de colonisation n'ont pas cessé de demander que les militaires libérables aux colonies et désirant s'y fixer soient libérés sur place et pourvus de concessions territoriales.

L'Etat, le budget, les colonies, le soldat et sa famille y gagneraient. On éviterait les dépenses inutiles de transport, des fatigues, des pertes de temps, des situations lamentables, des misères sans nombre.

La légion étrangère se compose de beaucoup d'Alsaciens-Lorrains auxquels l'occupation allemande ferme la porte de leur pays.

MISÈRE DES SOLDATS LIBÉRÉS A LEUR RETOUR DES COLONIES

Combien de fois, chaque hiver, la presse ne signale-t-elle pas la détresse de soldats médaillés revenant des colonies et congédiés sans ressources! Ils viennent échouer sur le pavé de Paris et font pitié à voir.

Tant que ces militaires appartiennent au corps, ou ils sont hospitalisés ou en cours de voyage. Ils sont l'objet de la sollicitude d'admirables institutions de secours qui se nomment l'Association des Dames françaises, l'Union des Femmes de France, l'Œuvre des soldats libérés, l'Association des militaires coloniaux, (1) la Fédération des Alsaciens-Lorrains. Ces trois dernières sociétés exercent une action des plus efficaces: Elles reçoivent et accueillent le soldat après sa libération, lui donnent asile, le nourrissent, l'habillent, lui cherchent un emploi. Elles nous épargnent, quoiqu'elles disposent de moyens trop restreints, la honte de voir circuler dans nos villes des soldats revenant des colonies, hâves, déguenillés, sans ressources et sans abri.

LES PATRIOTES SANS PATRIE

Pour les Alsaciens-Lorrains la détresse morale et

---

(1) 26, rue Troyon, à Sèvres, et 16, place de la Chapelle, Paris.

les difficultés sont plus grandes encore ; car le vainqueur impitoyable leur refuse l'accès de leur pays d'origine. Il ne peuvent rejoindre ni leur village ni leur famille. Leur ardent *patriotisme* en fait des *sans-patrie* et cette nouvelle patrie qu'ils réclament c'est aux colonies que la France doit la leur donner.

Environ 2.000 Alsaciens-Lorrains échappent au joug militaire de l'Allemagne.

ALSACIENS-LORRAINS COLONS AU DAHOMEY

En ces derniers temps un groupe d'anciens soldats Alsaciens-Lorrains a demandé et obtenu de s'établir au Dahomey. Les Allemands n'ont pas manqué de faire remarquer qu'on les sacrifiait aux dangers du climat meurtrier. La *Gazette de l'Allemagne du Nord* du 1er décembre 1895, commentant la concession de terrains qui a été faite dans le Dahomey à la Fédération des sociétés alsaciennes-lorraines, émet la réflexion suivante:

« Si les protégés de la Fédération des sociétés alsaciennes-lorraines doivent désormais être installés sous ce climat, meurtrier pour tous les Européens qui travaillent en plein air, on peut juger par ce fait de la considération en laquelle on les tient. »

EN AUSTRALIE

D'autres ont essayé de s'installer en Nouvelle-Calédonie. Les lenteurs et le formalisme de notre bureaucratie en ont découragé beaucoup. Ils sont allés se fixer en Australie, près de Sydney et ils y prospèrent. Ils y forment une communauté française.

Les vignerons français déjà établis depuis 25 ou 30 ans en Australie ont épousé des Australiennes et ont laissé leurs enfants oublier notre langue pour adopter celle de leur mère. Les Alsaciens ont au contraire demandé un de nos missionnaires français, établis dans ce pays, pour donner à leurs enfants l'instruction française.

A L'ÉTRANGER

Combien de français s'expatrient au Brésil, dans l'Uruguay, dans la République argentine? En 1895 on en compte 500 qui sont partis de France, de Marseille, pour ces destinations étrangères où pourtant l'on tient si peu compte de nos intérêts, comme nous le voyons chaque jour.

A PARIS

Parmi les soldats qui reviennent du service colonial, combien sont exposés à la plus noire misère? L'année dernière, c'est un soldat médaillé du Tonkin qui, à bout de forces, voulait se jeter dans la Seine au pont de Bercy. Deux sergents de ville, anciens soldats, arrivèrent à temps pour empêcher son projet et pour le secourir de leurs deniers.

L'année précédente, deux militaires revenant du Tonkin, congédiés et médaillés, se trouvaient sans pain et sans gîte à minuit, en hiver, à Aubervilliers. Exténués de fatigue, de faim et de froid, ils allèrent demander asile au commissaire de police qui, sur leur demande, ne put que les envoyer au dépôt. Est-ce là la place de nos soldats et les colonies, où ils ont servi avec vaillance, ne sont-elles pas l'asile naturel où ils doivent trouver une situation comme colons ?

FAVEURS RÉSERVÉES AUX CRIMINELS

En regard de cet abandon, l'Etat se montre plein de sollicitude pour les criminels. Il a espéré les ramener au bien en en faisant des colons. Il leur a réservé, en vertu de la loi pénitentiaire de 1854, les *meilleures terres* de la *meilleure de nos colonies*. Il a dépensé pour eux depuis 30 ans environ 250 millions sans résultat appréciable. Chaque criminel coûte en moyenne à l'Etat pour son entretien 800 à 1000 fr. par an. Qu'on donne cette allocation aux soldats congédiés et l'on verra le parti qu'ils en tireront, en peu d'années (1).

SUBVENTIONS AUX CRIMINELS LIBÉRÉS

La chambre a porté en 1895 de 100.000 à 120.000 fr., la subvention accordée aux sociétés de patronage des *condamnés libérés*. On ne peut qu'approuver les mesures prises en leur faveur par le Ministère de l'Intérieur ; mais comment ne pas s'étonner que le Ministère des Colonies ne puisse disposer que d'un crédit de 70.000 fr. au plus pour peupler de nos nationaux un territoire colonial huit fois grand comme la France et abandonné aux mains de 40 millions d'indigènes, alors que ce

---

(1) Voir : Les Colonies et la question sociale, par Ch. Lemire — Challamel Editeur — 1 fr. 50.

domaine pourrait recevoir et nourrir *150 millions de français !*

LES CRÉDITS D'ÉMIGRATION

Tous les ans, vers le milieu de l'exercice, l'Administration des colonies répond à ceux qui viennent lui demander la gratuité du transport à destination de nos possessions d'outre-mer qu'elle n'a plus d'argent. Quatre ou cinq mois avant la fin de l'année, les crédits sont épuisés et les émigrants ont beau multiplier les démarches, il leur faut ajourner leur départ. C'est décourageant. Il est juste de reconnaître que l'administration, devant les nombreuses réclamations qu'avait soulevées l'an dernier une telle pratique, avait eu un bon mouvement. Elle avait demandé, pour 1899, le relèvement à 100,000 fr. du crédit inscrit pour 1898, crédit qui n'était que de 75.000 fr.

Cette demande étant solidement justifiée par l'expérience qui avait démontré l'insuffisance de ce crédit, on pouvait penser que le Parlement accepterait les propositions du ministère ; mais c'eût été trop raisonnable ou trop logique, et comme on demandait une augmentation, c'est une diminution qui fut votée. De 75,000 fr. le crédit fut abaissé à 70,000 fr. Voilà comment le Parlement, dont la grande majorité des membres vantent les avantages de la colonisation, s'entend à la favoriser, et on s'étonne après cela que les apôtres d'une bonne cause comme celle de la colonisation trouvent encore des sceptiques !

Pour 1900, le ministre des colonies avait demandé un crédit de 70.000 francs pour favoriser l'émigration des travailleurs aux colonies. La commission du budget a porté ce crédit à 100,000 francs ; mais le Rapporteur fait remarquer, à ce propos, qu'il n'appartient pas au budget colonial seul de faire les frais de l'émigration. « Il me semble, dit-il, que les colonies intéressées à recevoir les émigrants devraient également contribuer à les attirer par des subventions inscrites à leurs budgets locaux. Ce sont elles, en définitive, qui sont surtout intéressées à favoriser le mouvement d'émigration. La subvention, annuellement votée au budget colonial, pourrait dans ce cas être répartie entre elles, suivant l'effort dont elles feraient preuve. »

C'est ce que font les colonies britanniques et nous n'avons qu'à imiter cet exemple. Le crédit métropolitain ajouté à chaque crédit local des colonies n'en sera que plus élevé et facilitera grandement le peuplement de nos possessions.

MOUVEMENT DE L'ÉMIGRATION FRANÇAISE

Le tableau ci-dessous se rapporte à l'émigration encouragée par l'Etat depuis le 1er janvier jusqu'au 30 septembre 1898. Le crédit de 70.000 francs destiné à assurer, sous certaines conditions, le transport des émigrants à destination des colonies françaises ayant été complètement épuisé par ces départs, il n'a pu être accordé de passages gratuits depuis le 1er octobre jusqu'à la la fin de l'année.

Nombre de familles	Hommes	Femmes	Enfants	Destinations	Ressources
65	50	2½	13	Indo-Chine	213.700
78	84	38	65	Nouvelle-Calédonie	335.200
24	23	8	11	Madagascar	42.350
10	6	6	3	Autres colonies	6.000
175	163	76	92		630.250

Il ressort de cet exposé que ces 175 familles ont introduit dans nos diverses possessions un capital de près de 630.000 francs

Voici le mouvement de l'émigration vers nos colonies pendant l'année 1899. Les passages accordés par l'Etat y figurent seuls.

De ce tableau, il résulte que 207 familles, comprenant 195 hommes, 98 femmes et 116 enfants, au total 409 individus, sont parties pour nos possessions d'outre-mer au cours de l'année qui vient de finir. Sur ce total de 409 individus, 235 sont allés en Nouvelle-Calédonie, 107 en Indo-Chine, 52 à Madagascar, et 15 dans diverses colonies.

Ces 409 individus ont emporté avec eux un capital de 756.250 fr. dont plus de la moitié, 420.200 fr. est allée en Nouvelle-Calédonie et 278.700 fr. en Indo-Chine.

On voit, par ces détails, que le mouvement d'émigration vers la Nouvelle-Calédonie est particulièrement marqué.

EMIGRATION GÉNÉRALE

Aux Etats-Unis on exige de tout immigrant de justifier d'une bonne santé, de moralité et d'un avoir de 250 francs et non pas de 5.000 francs.

Depuis cinquante ans, on a compté 15 millions d'émigrants, aux États-Unis.

Le chiffre des émigrants des diverses nationalités pour la même *Période cinquantenaire* est le suivant, de 1850 à 1900 :

Allemands	5.000.000
Anglais	2.500.000
Suédois norvégiens	950.000
Italiens	500.000
Autrichiens	500.000
Russes	380.000
Français	375.000

Nous venons bons derniers et au lieu d'émigrer vers nos possessions, nous allons peupler les pays étrangers; nous colonisons chez les autres plus que chez nous. C'est ce qui a inspiré à l'un de nos confrères les lignes suivantes :

COLONISATION

Maintenant que nous avons un Ministère des colonies, il serait peut-être temps d'avoir des colons. Or, la France n'en prend pas le chemin, s'il faut en croire les dernières données statistiques parues. De tous les pays de l'Europe, le nôtre est proportionnellement celui dont les enfants émigrent le moins.

Je sais bien qu'on me répondra tout de suite :

« Si nos enfants n'émigrent pas, c'est par cette excellente ou plutôt déplorable raison que la France ne fait plus d'enfants ou si peu que ce n'est pas la peine de s'en priver pour les envoyer au loin. »

Mais la statistique, l'inexorable statistique, est encore là à mon service. Elle démontre victorieusement que les peuples fournissant le plus fort contingent à l'émigration sont en même temps ceux où il naît annuellement le plus d'enfants. Tel est le cas, par exemple, de l'Allemagne, de l'Angleterre et de l'Italie.

Oui, l'émigration a une vertu fécondante. Pourquoi ? Je suis ici sur un terrain délicat, mais je vais tâcher de me faire comprendre sans blesser les convenances. Le père de famille allemand, anglais ou italien sait qu'il y aura toujours de la ressource dans les pays lointains pour ses enfants à venir, et certain, par conséquent de ne pas engendrer des crève-la-faim, il ne se réfugie pas, comme époux, dans ce système, déjà si blâmable en politique, de l'abstention.

Vous connaissez le mot terrible d'une comédie d'Augier, prononcé par un mari qui vient de dresser son budget avec sa femme : « nous pourrons nous payer le luxe d'un garçon ? » Eh bien, ce mot là ne serait pas compris à Londres, Berlin ou Rome, non plus que cet autre trait de mœurs bourgeoises qu'on me citait l'autre jour, celui d'un mari qui après avoir fait ses comptes, comme celui d'Emile Augier, devant sa femme, disait à cette dernière :

« Avec ce qui nous restera de revenus à employer cette année, nous avons le choix : nous pouvons avoir un autre enfant ou nous payer un valet de pied. Prononcez-vous. »

La femme s'arrêta au valet de pied.

OU ÉMIGRER ?

D'abord dans nos colonies. Charité bien ordonnée commence par soi-même, et c'est vraiment une charité pour un Français que d'aller peupler les colonies françaises; car maintenant que nos conquêtes d'outre-mer sont à peu près « au point », comme disent les peintres, on peut penser tout haut de notre empire colonial que c'est une maison payée très cher et que, pour ce motif, c'est bien le moins que la France songe d'abord à y loger ses enfants.

Or, jusqu'à présent, elle a à peu près pour uniques locataires, surtout en Orient, des Allemands, des Anglais, des Chinois, lesquels, pour continuer ma comparaison, logent au premier étage de la maison; car ce sont eux qui exercent le haut négoce, le plus productif. Le Français émigré n'était par fois qu'un *mercanti* gagnant juste avec ce qu'il vendait d'absinthe ou de vermouth de quoi se reléguer au grenier.

Il faut que cela change. Il faut que le colon français devienne le premier citoyen d'une colonie française, sous peine d'être la risée non seulement de l'Europe qui est loin, mais du plus idiot des aborigènes au milieu desquels il a débarqué.

LE FRANÇAIS COLONISATEUR

Est-ce un rêve impossible à réaliser ? Je ne le crois pas. Tout dernièrement je lisais un bien remarquable livre dû à la plume d'un professeur à l'Ecole des hautes études commerciales, M. Octave Noël, et qui a pour titre *Histoire du commerce du monde*. J'y trouvais à travers les âges révolus la trace de mainte entreprise coloniale révélant chez tel ou tel Français, non seulement le génie aventureux de notre race dont on n'a jamais douté ; mais également son bon sens pratique, son flair des affaires. Ce trait du tempérament national ne s'est pas perdu.

Pour peu que vous ayez suivi même d'assez loin le mouvement d'émigration française à l'étranger depuis un demi-siècle, vous arriverez aux mêmes conclusions que M. Noël, qui ne désespère pas de nos facultés colonisatrices. Il est certain en effet que la qualité de l'émigration française au dehors a beaucoup gagné en ces derniers temps et que nos représentants à l'étranger auraient mauvaise grâce à tenir la colonie française en charte privée comme leurs devanciers l'ont fait un peu trop autrefois. Je pourrais citer plusieurs grandes villes d'outre-mer où c'est l'élément français qui a le pas sur tous les autres au point de vue de l'honorabilité et de la situation sociale.

LES FRANÇAIS AU MEXIQUE

Vous avez peut-être lu les détails publiés il y a peu d'années sur cette curieuse colonie de Français établie à Mexico et qu'on appelle les Barcelonnettes du nom de la petite ville de Provence dont ils sont originaires. C'est par plusieurs dizaines de millions que se chiffrent les fortunes faites au Mexique par ces braves gens. A quoi tient cependant le premier succès de cette émigration ? Tout simplement à la chance méritée obtenue par le premier « Barcelonnette » qui s'aventura sur ces bords lointains et qui ensuite, sans tambour ni trompette, écrivit aux amis du pays en les engageant à venir. Et maintenant non seulement cette colonie prospère au point que je viens de dire, mais ce qui est plus important que sa réussite individuelle, elle maintient et propage au Mexique le goût des choses qui viennent de France. Or des pays comme ceux-là qui continuent à acheter chez nous, en dépit des tarifs protecteurs, nous ne saurions trop marquer leurs noms sur le livre d'or de notre gratitude.

LA COLONIE FRANÇAISE DANS LA RÉPUBLIQUE ARGENTINE

A Buenos-Ayres, la colonie française est plus nombreuse encore qu'à Mexico et là aussi elle est hautement considérée, car on ne lui fait pas porter la peine de la présence, signalée il y a quelques mois dans son sein, de l'anarchiste Vaillant, le dynamiteur du Palais-Bourbon. Plus de cent cinquante mille Français gagnent largement leur vie tant à Buenos-Ayres que dans les autres villes et dans les pampas de la République argentine. Parmi eux on en peut citer qui se naturalisent là-bas et font souche d'Argentins, témoin l'ancien Vice-président de la République, M. Pellegrini, qui est fils de Français. Mais presque tous, une fois fortune faite, reviennent chez nous, comme du reste les Barcelonnettes.

Pendant que ces derniers font construire des maisons de campagne et quelquefois de vrais châteaux sur les flancs arides des Alpes provençales, les autres, ceux qui viennent de Buenos-Ayres, qui sont presque tous originaires de la Biscaye française, étagent leurs riantes villas sur les pentes fleuries qui descendent au golfe de Gascogne. Promenez-vous dans les environs de Biarritz ou de Saint-Jean-de-Luz. A chaque tournant de route, on vous indiquera un joli nid de verdure où se cache la retraite d'un « Américain ». C'est ainsi qu'on désigne l'émigré revenu d'Amérique.

De même en Corse où les plus riches insulaires — on peut presque dire les seuls riches de Corse — ont fait fortune le plus souvent dans l'Amérique centrale. En ce moment, le gouvernement du Venezuela est presque exclusivement entre les mains de ces compatriotes de Napoléon. Or, n'est-ce pas un bon point pour l'émigration française, que cet esprit de retour très caractéristique et très particulier au Français qui lui permet de faire profiter son pays d'origine de la richesse acquise au loin ?

Ah ! sans doute, si l'émigré français réussit à Mexico, à Buenos-Ayres, c'est beaucoup parce qu'il n'a pas affaire, dans ces villes, au tatillonnage de notre fonctionnarisme colonial, et je comprends, par conséquent, les hésitations d'un émigrant à venir s'établir dans une colonie française ! mais c'est affaire au gouvernement de modifier radicalement sa politique dans nos colonies.

Il faut qu'il se décide à pratiquer le proverbe anglais : *Help yourself*, aide-toi toi-même, et à ne plus empêtrer l'émigrant français dans ces lisières administratives qui ont étouffé jusqu'à présent les plus heureuses initiatives. Du reste, il semble que l'expérience est faite et archi-faite. Le colon français prospère dans les pays libres où on le laisse libre d'agir à sa guise. Ce qui donc peut assurer le succès de ses entreprises dans une colonie française, c'est l'assurance qu'on ne lui imposera qu'un minimum d'administration et de bureaucratie, et cela aussi bien dans les vieilles colonies, comme l'Algérie, que dans les nouvelles, comme ce Madagascar, dont les destinées sont en ce moment à l'ordre du jour de la Chambre et de la France(1).

APPEL AU PARLEMENT

Est-il possible qu'en présence des crédits alloués aux criminels et aux libérés, le Parlement se refuse à accorder quelques subsides aux soldats libérés qui ont vaillamment servi la patrie et qui demandent à devenir colons ? Le vice et le crime doivent-ils donc être plus favorisés et mieux récompensés que le travail et l'honnêteté ? Ne se trouvera-t-il pas au Parlement un député, un sénateur pour relever ces anomalies, pour prendre en mains la cause des militaires et la cause des colonies et, en faisant servir l'une à l'autre, fonder une œuvre patriotique et nationale : celle de la *colonisation militaire* ou plutôt au profit des militaires libérés ;

---

(1) Gaston Jollivet.

car il ne s'agit pas de coloniser *par le sabre* et d'en revenir aux bureaux arabes ou à une administration militarisée. Nous ne nous occupons que des avantages à faire aux anciens militaires coloniaux, en raison même des aptitudes et des garanties que présente cet élément sur place pour la colonisation libre.

LES ROMAINS SOLDATS ET COLONS

Les Romains ont conquis le monde et ont colonisé leurs conquêtes avec leurs soldats. Leurs légions étaient cantonnées dans une région dont elle prenait le nom. L'assimilation s'est faite sans secousse et, pour ne parler que de notre pays, la Gaule franco-romaine est devenue, grâce à ces colons-soldats, la France, colonisée et civilisée. Les fils des gallo-romains sont-ils donc incapables d'imiter cet exemple donné au monde entier ?

COLONISATION MILITAIRE DES RUSSES

Les Russes ont parfaitement compris que c'était le premier et le plus sûr procédé à employer pour peupler de leurs nationaux, pour *russifier* leurs conquêtes en Asie et leurs vastes territoires de Sibérie. Il est important de reproduire sommairement ici les mesures qu'ils ont prises pour cette colonisation militaire et nationale. Il est vrai qu'elle est officielle ; mais elle reçoit aide et protection, des encouragements éclairés et pratiques. Mieux vaut l'intervention de l'Etat dans la colonisation et le peuplement que la liberté et l'isolement dans le désert.

Dans la région de l'Amour, dès le mois de mai 1891, la Russie a prévu que la spéculation sur les terrains par des particuliers serait nuisible et qu'il importait avant tout de peupler ces régions par des éléments choisis et dirigés par l'Etat. Il s'est empressé de les réunir et de les utiliser avec sollicitude.

Le 20 décembre 1894, il met à la disposition du gouverneur de l'Amour des *arpenteurs* et autres agents pour faire le *bornage* et le *lotissement* des terres de cette province. C'est ce que nous n'avons cessé de demander pour nos colonies nouvelles d'Asie et d'Afrique. La première chose à faire est de reconnaître les *terres disponibles*, de les allotir et de les *offrir* aux colons volontaires. A défaut d'arpenteurs, nos officiers peuvent se charger de ces levés, et de ce lotissement.

Le 9 janvier 1895 la Russie alloue des subsides aux colons de la côte nourmane.

Le 17 avril dernier, elle se préoccupe de peupler d'un élément *sûr et national* les terres encore désertes traversées par le chemin de fer transsibérien de Wladiwostock à Khabarovka. Pour cela, elle fait *distribuer des lots de terres* aux familles des cosaques émigrants de la Transbaïkalie. Elles les dispense d'impôts pendant trois ans et les allège pendant cinq ans du service militaire. Sa force militaire n'en a nullement souffert. Loin de là, elle peut compter sur ces recrues pour la défense du sol.

Elle crée pour ses nationaux des écoles, des hôpitaux, des asiles, un service des ponts et chaussées et des forêts dans ces vastes régions.

Cette année même, le gouvernement russe élargit considérablement son programme de colonisation en Sibérie orientale. En vue d'encourager le mouvement d'émigration, les prix de passage sur le chemin de fer Sibérien ont été établis à un taux dérisoire : 62 fr. 5o de Kiew à Khabarovka. Le but du gouvernement en offrant ces facilités est de détourner des émigrants vers le chemin de fer pour que les navires de la *Flotte Volontaire* soient exclusivement réservés au transport des troupes. Des milliers de paysans, habitant principalement les provinces dévastées par la famine, se disposent à profiter de ces avantages et partent en ce moment pour la région de l'Oussouri. Chaque famille possédant 3oo roubles recevra gratis à son arrivée un lot de terre et des graines de semence ; ces émigrants seront, en outre, exonérés d'impôts.

COLONISATION MILITAIRE DES ANNAMITES

Prenons un autre exemple chez un peuple inférieur en puissance et en civilisation, mais doué du génie colonisateur : Les Annamites qui n'ont pourtant pas l'esprit militaire, mais qui sont une race expansive, ont colonisé le pays des Kiams, c'est-à-dire l'Annam du littoral, puis le pays des Moïs, des Pouthaï, des Cambodgiens et même le Laos central au moyen de miliciens colons. Ils envoyaient ces soldats colons volontaires, appelés *Linh-mô*, occuper les territoires libres et les défricher. Les colons restaient enrôlés et enrégimentés sous les ordres d'un *Kinh-ly'*, sous préfet civil et militaire. Dès qu'un groupe avait fondé un centre de colonisation, on formait des villages, et des cantons. Ceux qui possédaient les défrichements les plus étendus, le plus grand nombre de têtes de bétail, étaient nommés les chefs de ces villages, et constituaient le Conseil communal des notables.

En cas de danger, les colons ayant rang de *doi* (sergent) rassemblaient leurs hommes et les groupaient autour du Kinh-ly. Quand tout danger avait disparu, le Kinh-ly devenait un *Huyen* ou sous-préfecture ordinaire. Un groupe de districts formaient bientôt une préfecture hors frontière (1) et le pays s'organisait ainsi peu à peu au profit des *miliciens colons* devenus propriétaires, et le royaume y trouvait grand profit.

Nos soldats français ne valent-ils pas les Annamites et ne sont-ils pas capables du même effort ?

COLONISATION FRANÇAISE AU TONKIN

La chambre française d'agriculture du Tonkin demande au Protectorat d'attirer, dans le haut pays, des cultivateurs français et d'y fonder des *communes françaises*. Ce haut pays forme provisoirement, comme autrefois en Algérie, les territoires militaires. Ils sont administrés par des militaires revêtus des fonctions civiles. Ils ont eu pour les diriger des hommes comme les colonels Laurent, Pennequin, Galliéni, Servière, etc., qui ont facilité la constitution des *villages français* composés de militaires libérés ou en congé renouvelable.

Dans les territoires militaires le Protectorat fait aux Annamites et aux diverses peuplades qui

---

(1) Dong Phu

reconstituent leurs villages, des avances de riz, de semailles, de buffles pour labourer. Ne pourrait-on faire ces mêmes avances à des *cultivateurs français* qui entreprendraient les cultures riches, c'est-à-dire le café, le coton, le thé, le poivre, l'indigo, le jute, etc.? Ils auraient, sur les Annamites, l'avantage d'employer des semences meilleures venant de Birmanie, d'Égypte, de Lombardie et la machinerie agricole élémentaire, presses hydrauliques, machines à égréner, à décortiquer, et tous les instruments propres à la préparation et à l'exportation des matières premières et des produits bruts.

L'élevage du cheval, du bétail, n'est pas dans les habitudes annamites. Les colons français y réussiraient. Les haras et les jumenteries du Tonkin leur fourniraient les enseignements et les premiers éléments. Les jardins d'essai de Hanoi et Saigon leur procureraient les graines, semences et plants. Les indigènes leur apporteraient la main-d'œuvre à très bon marché. Ces indigènes pourraient même être payés en nature, nourris sur le sol et intéressés dans les exploitations.

C'est une sorte de métayage qui exige une mise de fonds pour l'achat des buffles, la construction des cases et pour attendre la première récolte. Il est vrai qu'on en fait deux par an. Il ne faut pas de gros capitaux pour tenter ces entreprises modestes et les développer peu à peu.

COLONISATION DE MADAGASCAR

En ce qui concerne Madagascar, une notice émanant du Service des renseignements coloniaux aujourd'hui l'Office Colonial, (galerie d'Orléans au palais royal,) nous apprend que le tabac vient très bien à Madagascar; malheureusement on le prépare fort mal. De ce coté, il y a certainement beaucoup à faire.

Sous le rapport des plantations, la même notice recommande aux colons désireux d'entreprendre ce genre d'exploitation. « d'apporter la plus grande prudence, car les tentatives faites jusqu'à ce jour ne sont pas encore suffisamment concluantes pour servir de base à des règles certaines.

« Le sol, le climat, la main d'œuvre, les moyens de transport varient avec chaque région. Avant d'engager leurs capitaux, les colons feront donc bien d'en faire, *sur place, une étude attentive*. Ce conseil s'applique à la culture du caféier, du cacaoyer, de la canne à sucre, du riz, du manioc, du maïs, du blé, de la vigne, du giroflier, de la vanille, etc.

« Il y a des pommes de terre à Madagascar, mais elles sont mal cultivées. *Avis à qui voudra tenter fortune !* »

Est-ce que des militaires ne pourraient pas entreprendre ces cultures de pommes terre, de maïs, de tabac, etc? Alors pourquoi ne leur donne-t-on pas, *sur place*, les facilités nécessaires ?

On voit que les renseignements de ce service étaient jadis bien incomplets et peu encourageants; mais pourquoi dissuader, décourager les bonnes volontés? Cet Office colonial a été créé expressément pour encourager et faciliter l'émigration, le peuplement, la Colonisation?

Heureusement, le général Galliéni a fait publier un guide complet de l'émigrant à Madagascar, qui rectifie et précise les trop vagues renseignements ci-dessus et donne sur la grande île les notions les plus sûres et les plus développées.

LA COLONISATION MILITAIRE A MADAGASCAR

Le Gouverneur général a pris l'initiative des mesures qui s'imposaient pour le peuplement de la grande île.

Sous son impulsion si patriotique et si éclairée la colonisation militaire a fait l'objet de deux importants arrêtés :

Le premier, en date du 21 avril 1899, traite des conditions requises et des démarches à faire pour l'obtention de concessions de ce genre.

« En principe, les militaires devront, au moment de la délivrance du titre d'occupation provisoire, posséder des ressources personnelles suffisantes pour subvenir à leur entretien, jusqu'à la mise en rapport du sol, et les subventions de toute nature qui leur seront allouées auront uniquement pour but l'amélioration du fonds et de la mise en valeur.

« Ces subventions ne pourront être octroyées pendant plus de deux années et être supérieures en valeur à 3,000 francs durant la première année et 1,500 francs pendant la seconde.

« Elles seront servies par acomptes successifs et trimestriellement, après justification de l'emploi des sommes primitivement avancées par le chef de circonscription administrative où se trouve l'exploitation. »

Par contre, les biens, meubles et immeubles, mis à la disposition des militaires, pourront être aliénés pendant les six premières années de la mise en possession, à la seule condition que le montant des allocations perçues soit remboursé au trésor local.

Toutefois, le fruit de l'exploitation (récoltes et croit des animaux) sera la propriété définitive du colon.

Les clauses *sine quâ non* de ce contrat portent obligation pour le pétitionnaire d'habiter effectivement sur la concession, de la mettre en valeur dans un délai de trois ans, et de se tenir tout ce temps à la disposition du chef de la circonscription dans laquelle il sera établi pour concourir, s'il en est requis, au maintien de la sécurité dans la région; faute de quoi, l'établissement agricole redevient la propriété de la colonie. Cependant, par exception, si des améliorations utiles et permanentes y ont été apportées, il sera procédé à l'adjudication de l'immeuble, et le prix de vente, déduction faite des frais et dépenses payés par l'administration, reviendra au pétitionnaire ou à ses ayants cause.

En cas de force majeure, le Gouverneur général se réserve le droit d'accorder une prorogation de délai.

Enfin, le titre provisoire est transmissible aux héritiers du concessionnaire après le décès de celui-ci, sous réserve de l'accomplissement par eux des obligations auxquelles le défunt était tenu.

Le second arrêté, en date du 23 avril, complète en quelque sorte le précédent, puisqu'il ouvre un crédit supplémentaire de 25,000 francs en vue d'assurer, pendant l'année courante, l'installation en

Imérina et au Betsiléo des militaires libérables du corps d'occupation.

Ces deux régions paraissent, en effet, se prêter plus spécialement à la colonisation de peuplement (1).

C'est là un fait si important que nous devons le signaler tout spécialement aux intéressés si nombreux et aux défenseurs de la colonisation familiale.

Depuis bien des années nous persistions à plaider cette cause. Dans nos publications de 1885 et surtout de 1896, nous exposions les considérants de la question.

Il n'était pas banal de la voir soutenir par un groupe qui réunissait MM. Rochefort, Brunet, de Bozérian, de Mahy, abbé Lemire, Dutreix, etc, etc.

Les opposants objectaient l'impossibilité de coloniser sans ressources. Ils nous attribuaient des utopies que nous repoussions et s'enlisaient dans des hérésies que répudiaient tous les coloniaux.

La grosse difficulté était, en effet, de trouver et d'affecter ces ressources que l'Etat ne pouvait ou ne voulait pas fournir.

Le Gouverneur général de Madagascar a vaincu ce préalable obstacle. Il a fait ce que, ni le ministère de la colonisation, ni ses Offices successifs, ni le Parlement, n'ont pu faire. C'est un homme de foi, de patriotisme, d'énergie, et, disons-le, de génie, parce que c'est lui, soldat français, qui a le premier proclamé et appliqué l'évangile de toute colonisa-

---
(1) On trouvera le texte de ces deux arrêtés aux documents annexes.

tion, le programme du peuplement de nos colonies par des Français et la francisation des pays conquis par les armes, et qu'il faut conquérir économiquement, socialement, par la colonisation saine et durable.

Or, le gouvernement général alloue aux militaires colons jusqu'à 4,500 francs en deux ans, sans répétition ultérieure de la Colonie.

Le Ministre des colonies avait de son côté déclaré au Parlement qu'il « réserverait, sur le boni de la conversion de l'emprunt de Madagascar, une somme destinée à former ce petit capital de la colonisation, demandé par le général. » *Verba volant !*......

Dans ses grandes lignes, l'arrêté du 21 avril 1899 accorde des concessions gratuites aux militaires français et à ceux de la légion étrangère qui se feront naturaliser.

En principe, le concessionnaire doit s'entretenir lui-même, jusqu'à ce que sa terre soit en rapport.

Les subventions sont prises sur le budget local et payées par trimestre sur justification d'emploi pour le fonds.

Un livret de concessionnaire est délivré. (1)

Le *colon* doit habiter trois ans sa terre, la mettre en valeur et participer, s'il en est requis, à la sécurité de sa région.

Il sera propriétaire définitif au bout de trois ans; mais ne pourra aliéner sa propriété qu'après six ans. Ses améliorations lui seront en tous cas acqui-

---

(1) Voir aux annexes le modèle du livret.

ses. En cas de décès, ses titres sont transmissibles à ses héritiers.

On voit combien ces mesures sont sages et libérales.

EN NOUVELLE CALÉDONIE

En nouvelle-Calédonie, l'arrêté du 22 mars 1898 accorde gratuitement de 10 à 25 hectares aux officiers, fonctionnaires, sous-officiers et soldats libérés dans la colonie.

Le délai d'habitation et de mise en valeur est de 3 à 5 ans. Le concessionnaire doit justifier de la possession de 5,000 fr. Les jeunes gens nés dans la colonie ont les mêmes avantages à 21 ans. On peut y être majeur et propriétaire le même jour.

Voici comment M. Jean Carol, qui revient d'une mission en Nouvelle Calédonie, apprécie le développement de la colonisation dans ce pays, que M. Douville-Maillefeu appelait à son retour : « Le Nice français de l'Océanie. »

« On se rappelle, dit-il, avec quelle sympathie, mais aussi avec quelle surprise, les journaux de Paris, il y a deux ans, annoncèrent le départ de la famille Le Goupils pour la Nouvelle-Calédonie. Trois frères, — l'un, professeur de rhétorique à Louis-le-Grand ; l'autre professeur au Lycée de Rouen ; le troisième, docteur en médecine ; plus, un beau-frère, M. Roumy, receveur de l'Enregistrement, — tous quatre se mettant d'accord pour abandonner leurs situations peut-être laborieusement acquises, et s'en aller planter du café dans notre colonie la plus lointaine, aux antipodes de la Sorbonne : ce n'était pas, il faut le reconnaître, un évènement trop banal en l'état actuel de nos mœurs! nos concitoyens ont emmené avec eux leurs femmes, leurs enfants. Les voilà déjà 15 à table quand ils n'ont pas d'invité. Contingent sérieux (qui s'augmentera, j'aime à le croire) fourni d'emblée à l'œuvre de peuplement de la Nouvelle-Calédonie.

Je suis allé visiter ces colons de marque dans le domaine de Nassirah dont ils se sont rendus acquéreurs en commun, — 650 hectares environ, qu'ils exploitent ensemble avec une ardeur de néophytes, une émulation de frères profondément unis.

Admirable souplesse de l'âme française! C'est merveille de voir comment des citadins raffinés se sont pliés aux rudes exigences de leur nouvelle profession.

L'AUTO-RECRUTEMENT DES COLONS

C'est que de son côté, le gouverneur ne négligea pas d'entraîner les colons dans une voie *d'auto-recrutement* qu'ils avaient été les premiers à lui indiquer et qui, certes, est bien la meilleure de toutes. Plusieurs planteurs du centre de Voh lui avaient dit : « Si vous nous donniez plus de terres, nous ferions venir de nos amis et de nos parents. » Cette parole ne fut pas perdue, et la réponse ne tarda pas : vous aurez des terres. « Je m'engage — disait une circulaire qui fit sensation dans la colonie — je m'engage à signaler et à recommander de la façon la plus pressante à M. le ministre, en vue de leur faire obtenir toutes les facilités désirables pour leur passage, ceux de nos compatriotes de la métropole auxquels vous vous proposez d'écrire et dont je vous prie de me faire connaître les noms et les adresses. Je compte sur votre esprit d'initiative et de patriotisme. Je recevrai de votre part avec reconnaissance toutes les observations et toutes les indications propres à faciliter l'œuvre dont nous poursuivons la réalisation. »

LA QUESTION DES 5000 FRANCS

Le *clou* de cette circulaire, c'était une phrase où le gouverneur lançait officiellement son fameux chiffre de 5,000 francs comme quantum du capital que désormais chaque colon devrait présenter avant d'obtenir une concession agricole. Elle a fait un beau bruit, là-bas, l'exigence des 5,000 francs !

Je ne comprends pas les critiques qu'elle a soulevées. Sans doute 2,000 francs aux mains d'un colon sérieux valent mieux que 500 francs aux mains d'un amateur. J'ai entendu parler d'un concessionnaire qui, avant de débrousser un hectare de terre, commença par employer une forte somme à la construction d'un rocher artificiel, avec jet d'eau, devant sa véranda. Cet homme, qui s'est ruiné, avait la vocation plutôt d'un architecte-paysagiste que d'un agriculteur. Mais, pour apprécier le bien fondé de la clause des 5,000 francs, on ne saurait la séparer des autres conditions du programme. Celui-ci fait appel aux personnes qui, avant tout, se sentent de réelles dispositions pour le travail des champs. On les avertit que la main-d'œuvre est malaisée à recruter, qu'elles auront d'abord à compter sur elles-mêmes, qu'elles doivent être prêtes aux besognes les plus rudes. On va même jusqu'à leur donner à entendre qu'une femme courageuse sera le meilleur atout de leur jeu; puis, on leur dit : « Si, par surcroît, vous possédez une avance de 5,000 francs, nous osons nous porter fort de votre réussite. »

Eh bien, je ne vois rien là que de très sage. Quelque ennemi qu'on soit de tout ce qui ressemble à une formule, on ne peut pas rester dans le vague quand il s'agit d'une question d'argent. On ne pouvait pas se borner à dire aux colons : « Surtout, n'oubliez pas d'apporter avec vous quelques économies; vous en aurez besoin dans le début. » Il fallait bien préciser, fixer une limite, comme on en fixe pour le nombre d'hectares qui constituent un lot. Or, on peut croire que le minimum de 5,000 francs n'a pas été prononcé au hasard. Ce chiffre est le résultat d'observations et de calculs sérieux. On doit donc l'accepter, tout au moins provisoirement. L'avenir peut changer les choses.

Mais ce qu'on a le plus reproché au gouverneur, c'est d'avoir appuyé son programme sur des évaluations, d'avoir rendu publics les calculs auxquels il s'était livré et d'où il résultait qu'au bout de six ans le colon laborieux aurait amorti toutes ses dépenses et réalisé déjà un bénéfice net d'au moins 5,000 francs. Qu'en savez-vous ? On ne promet pas de ces choses-là ! Vous trompez le peuple ! Si M. Feillet avait plané dans les nuages, il se fût probablement épargné ces critiques. Mais les convaincus ne se contentent pas de planer : ils descendent aux détails, étudient tous les moyens, conseillent, discutent, prouvent. N'importe ! Il est entendu que l'opinion d'un gouverneur est un engagement que le cyclone lui-même n'a pas le pouvoir d'infirmer. Si le cyclone vient détruire les prévisions du gouverneur, on s'en prendra au gouverneur. Il aura trompé le peuple, comme on disait autrefois ; il aura *bluffé*, comme on dit aujourd'hui.

LE SUCCÈS. — CE QUI SE PASSE EN AUSTRALIE

Toutes ces petites misères n'ont pas empêché le succès d'une colonisation enfin rationnelle, et ce que M. Feillet a fait en moins de quatre ans est vraiment une œuvre considérable. Il a été créé, depuis 1895, dit un rapport officiel, 434 propriétés agricoles : 130 par des familles qui habitaient déjà le pays, mais n'étaient pas encore fixées au sol ; 304 par des familles venues de l'extérieur ou par des militaires congédiés dans la colonie.

Elles sont réparties sur 17 centres, judicieusement choisis, placés un peu partout, foyers encore épars qui arriveront à communiquer la vie à toute l'île. On est en devoir d'en créer de nouveaux. Il reste de la marge. J'estime que la Nouvelle-Calédonie peut offrir à la colonisation libre 160,000 hectares de terre à culture, dont 40,000 de tout premier ordre. Ces chiffres seraient de beaucoup dépassés, si l'on avait le droit de disposer de toute la zone forestière ; mais, à partir de 500 mètres d'altitude, la forêt est inaliénable. Mesure sage, d'ailleurs.

Celles des terres du domaine où il a été impossible de découper des lots d'un seul tenant, offrant en même temps au colon une juste proportion de terrains riches, furent, soit vendues aux enchères, soit concédées à des personnes depuis longtemps fixées dans la colonie.

Jusqu'à ce jour l'entreprise de M. Feillet a réussi dans la *proportion de 90 0/0*. Je veux dire par là que 10 0/0 des colons installés d'après la nouvelle méthode ont, pour divers motifs, renoncé à leur exploitation, l'ont abandonnée en restant dans la colonie, ou ont repris le paquebot. *Sur les 434 concessionnaires, 403 demeurent*. En comparaison des résultats de l'ancien système, ce déchet est insignifiant. La colonisation australienne ne se vit jamais à pareille fête ; elle n'a jamais pu retenir que la *moitié* des immigrants qu'elle attira ! Est-ce à dire que l'Australie se colonise mal ou avec peine ? Bien au contraire. Seulement les colons qui n'y réussissent pas s'éliminent d'eux-mêmes avec une extrême facilité ; sans récriminations, sans tapage, ils vont chercher fortune ailleurs.

M. de Lanessan, qui constate le fait, dit que cette sélection est éminemment utile au progrès des colonies australiennes. Peut-être n'avons-nous pas, au même degré que les Anglais, ce je ne sais quoi de particulier dans l'esprit d'aventure qui leur permet de transporter leur *home* sur divers points du globe sans plus s'en étonner que s'ils déménageaient d'un quartier à l'autre ; il me paraît même certain, après mon enquête personnelle, que, sur les 403 concessionnaires restés dans les centres créés par M. Feillet, quelques-uns, s'ils avaient le courage et la souplesse de mettre leur conduite en harmonie avec leurs discours, planteraient là leur propriété et s'en iraient ailleurs chercher l'idéal non trouvé en Nouvelle-Calédonie. Mais une chose encore plus certaine, c'est que les deux tiers au moins de ces colons fixés se déclarent contents et n'ont aucune envie de partir. Cette proportion est énorme. Loin donc de m'associer aux alarmes des personnes qui voient dans le déchet réel de 10 o/o un symptôme de débâcle prochaine, je voudrais, pour consolider, par la sélection, le grand, l'incontestable succès de M. Feillet, que tous les mécontents qui restent quand même laissassent leur place à d'autres. La marche de la colonisation et l'esprit de la colonie ne pourraient qu'y gagner.

Mais rien n'arrêtera le courant d'immigration qui s'est déterminé. Le foyer d'attraction est suffisant pour agir désormais par sa seule force.

COLONISATION INDUSTRIELLE

Il y a mieux: La colonisation agricole va prochainement se doubler de la colonisation industrielle. Au moment où j'écris ces lignes, j'apprends que l'installation des familles de mineurs sur les terres à culture du domaine de la société le *Nickel*, à Kouaoua, sera bientôt un fait accompli. La reprise des mines de cuivre dans le Diahot, le développement de l'exploitation du nickel sur la côte ouest nécessiteront des créations analogues. Chaque centre minier de quelque importance fournira son contingent de population nouvelle, par groupe de 2 à 3 mille individus. En somme, le rêve du Gouverneur, je veux dire le peuplement de l'île par des éléments sains — pourra se réaliser plus vite qu'on n'aurait osé l'espérer.

La coopération indirecte, mais effective des compagnies minières à l'œuvre de M. Feillet s'explique par la nécessité où se trouvent ces compagnies de s'assurer des travailleurs pour l'époque, très prochaine, où viendront à expiration, sans pouvoir être renouvelés, les contrats de main-d'œuvre qu'elles avaient passés avec l'administration pénitentiaire. Elles n'auront rien à regretter. C'est le sentiment unanime des chefs d'exploitation (1).

LA COLONISATION EN FAMILLE

On conçoit que le colon ne restera pas seul dans sa ferme. Des familles se formeront, qui feront souche. Le général Galliéni ne compte pas sur l'union des colons avec des filles malgaches, pas plus qu'on n'escompte en Calédonie les unions de Français et de popinées. On a donc songé à envoyer de jeunes campagnardes volontaires qu'on pourvoierait d'un trousseau de 300 francs, d'une provision de 100 francs et d'une somme de 50 francs pour le voyage qui serait assuré par l'Office colonial.

Avec 100,000 francs, on constituerait deux cents familles. Mais il est douteux que l'Office trouve des fonds, si ce n'est pour les besoins de ses services parisiens. Cette tentative rappelle l'envoi fait au Canada, sous Louis XIV, des orphelines qu'on appelait : « Les filles du roi. »

CANDIDATS COLONS

Quant aux colons, le général Galliéni constate que « les demandes des militaires libérés sont nombreu-

---

(1) Jean Carol.

« ses ; que c'est un excellent élément de peuplement ;
« qu'il faut les encourager ; qu'ils contribueront à
« assurer définitivement l'établissement pacifique
« de notre influence et la mise en valeur du
« sol. »

Parmi ces soldats, il faut compter ceux de la métropole, les Alsaciens-Lorrains, les créoles de la Réunion, les hommes de la Légion. Ces colons appelleront près d'eux leur famille, leurs parents et amis et le peuplement se fera.

Nos propositions ont donc trouvé leur formule et leurs voies d'application dans deux colonies. En avant ! marche ! et vive la Plus grande France !

L'ŒUVRE DU GÉNÉRAL GALLIÉNI

Ce que Colbert, Vauban, Bugeaud avaient noblement tenté de faire, et que ni l'Etat, ni le Parlement, ni les éphémères ministères n'ont pas su faire, va devenir une facile réalité.

Nous croyons donc devoir : 1° Signaler avec insistance ces mesures libérales aux militaires coloniaux et aux familles.

2° Provoquer de leur part une marque de gratitude à l'égard du général Galliéni, en lui adressant de respectueuses félicitations pour son œuvre de colonisation.

Enfin, il sera bien permis à un des ouvriers de la première heure de se réjouir fièrement de voir triompher la cause qu'il a toujours soutenue, *verbo et calamo*: celle du *Peuplement de nos colonies par des Français*.

Ce n'était donc pas sans raison que nous avions

proposé de graver au frontispice du nouvel édifice qui s'élève, la devise :

« Aux militaires coloniaux et à leurs familles,

« La première part des territoires conquis par eux pour la France ! »

« C'est l'homme qui apporte les pierres ; mais c'est la femme qui édifie la maison, » dit une charmante maxime provençale.

C'est dans ces conditions que s'achèvera l'édifice nouveau de la colonisation française. Et, bientôt, la France pourra se glorifier de voir flotter à son sommet, sous l'éclatant soleil d'Afrique, d'Océanie, et peut-être d'Asie, le pavillon Français abritant des Français.

L'on ne dira plus que la France n'a que des *colonies sans colons*, car le peuplement se fera chez nous et par nous comme il se fait par nous et chez les autres (dans les deux Amériques).

Et sur le fronton de ce monument, l'on pourra graver le nom du gouverneur qui aura bien mérité de la France métropolitaine et de la France d'outre-mer.

LOTS DISPONIBLES

A la suite des opérations effectuées à Madagascar au cours des années 1897 et 1898 par les brigades volantes du service topographique, de vastes périmètres de colonisation, divisés en lots d'une superficie variant entre 100 et 10,000 hectares, ont été déterminés et sont tenus à la disposition des personnes qui en feront la demande dans les conditions prévues par l'arrêté du 10 février 1899, réglementant l'attribution des concessions territoriales à Madagascar. Les plans de ces lots et les copies de reconnaissances domaniales, dont le bureau de colonisation conserve les originaux, se trouvent 26, Galerie d'Orléans à l'*Office colonial*. (Extrait d'une lettre du général Pennequin, gouverneur général de Madagascar, en date du 15 septembre, 1899.)

CONCESSIONS DÉJA ACCORDÉES.

Voici la récapitulation des concessions accordées, à *titre provisoire*, tant au titre gratuit qu'au titre onéreux :

Années	Nombre de concessions	Superficie Hect.	Ares	Cent.
1895 et 1896.	4	600	05	45
1897. . . .	227	13.827	90	94
1898. . . .	229	42.054	74	24
1899. . . .	485	28.887	26	17
Totaux. .	945	85.369	96	81

En ce qui concerne les concessions accordées *à titre définitif*, elles s'élèvent, pendant la même période, à 123, s'étendant sur une superficie de 7,381 hectares.

Il y a 7,418 négociants établis à Madagascar. Ce total se décompose comme suit par nationalités :

Français 625
Autres Européens ou assimilés. 486
Indigènes. 5.456
Africains. 207
Asiatiques. 644

LE SOLDAT-LABOUREUR

Voici ce qu'écrit à ce sujet Hugues Le Roux : « Le 1ᵉʳ janvier 1900, une réunion d'économistes avaient prié M. le général Galliéni de leur donner, tout en causant, quelques renseignements sur ses premiers essais de colonisation, et sur ses résultats les plus certains.

Nous avons entendu là quelques mots qui, sans prétention à résoudre — ni même à soulever — les graves problèmes de colonisation rattachée à la question sociale nous ont fait du bien au cœur; car ce n'étaient pas des paroles seulement, (le général a l'air de les tenir en petite estime), mais des faits très précis, et des chiffres exacts qui formaient la trame de cette cordiale causerie.

Le gouverneur de Madagascar nous a conté en effet comment il a repris pour son compte, en la retouchant, la vieille idée de Bugeaud : le soldat-colon, le soldat-laboureur.

— Nos premières expériences, a dit le général, furent inspirées par cette observation : l'Emyrne et toute la région centrale de Madagascar apparaissent comme un pays de petite colonisation. Nous craignions dans les circonstances actuelles l'échec de cette première colonisation, dite officielle, qui arrive pourvue de capitaux toujours insuffisants, et, dans un pays si neuf, nécessairement très inexpérimentée.

J'ouvre ici une parenthèse afin d'ajouter à ce que le général a dit ce qu'il ne pouvait nous dire, et ce que j'ai contrôlé par expérience personnelle : c'est que « le colon à cinq mille francs, » que l'Administration centrale envoie dans les pays neufs, est, presque toujours, condamné à périr. Non seulement il arrive sans notion des conditions particulières de la culture dans la colonie où il débarque; mais, neuf fois sur dix, *sans aucune instruction ou aucune pratique agricole quelconque*. C'est un malheureux qui prend son inquiétude d'esprit pour de l'énergie. Son destin est écrit : il deviendra « marchand de goutte, » en attendant que la complaisance de la métropole lui permette de se faire courtier électoral.

Le général Galliéni redoutait la venue prématurée de ces colons européens, parce que la misère était au bout de leur entreprise; puis il songeait au discrédit que ces insuccès certains n'auraient pas manqué de jeter sur la colonie elle-même.

IMPRESSIONS DU GOUVERNEUR GÉNÉRAL

— C'est alors, nous dit le gouverneur de Madagascar, que j'ai pensé à faire coloniser par le soldat ces territoires que l'on venait de pacifier.

Cette mesure offrait un premier avantage qui est fait pour séduire les passionnés de justice : ne semblait-il pas, en effet, *équitable que celui-là jouit, un des premiers, des bénéfices de la conquête, qui en avait supporté le poids ?* D'autres raisons, moins sentimentales, immédiatement pratiques, conseillaient, d'autre part, cette expérience militaire.

Le soldat était un homme déjà acclimaté, il était habitué aux difficultés du pays. Il connaissait l'indigène. Il bredouillait sa langue. Il se trouvait certainement dans les meilleures conditions requises pour faire, en pays malgache, un essai loyal de petite colonisation.

On décida donc que les soldats qui avaient, antérieurement, exercé des professions agricoles, et qui se trouvaient dans leur dernière année de service, seraient autorisés à demander immédiatement une concession de 100 hectares, accordée à titre provisoire.

Ceux qui n'ont pas colonisé, ou qui n'ont pas vu coloniser à côté d'eux, ne peuvent se former une idée du bénéfice extraordinaire que ces jeunes gens ont trouvé à commencer leur expérience de vie coloniale à une minute où ils étaient encore soldats. On n'imagine pas, en effet, quelles difficultés assaillent, à l'ordinaire, le colon civil pendant la première année de son effort. Il ne sait où se loger, ni comment se nourrir. Personne ne l'assiste, ne le guide, et, au besoin, ne lui commande. Il est livré, sans secours, à la médiocrité de ses ressources, aux initiatives maladroites, aux découragements qui en sont la suite.

Au contraire, les soldats-colons du Gouvernement de Madagascar continuent à être nourris, habillés par l'intendance militaire. On leur fournit du vin, du café, du sucre. S'ils sont trop éloignés pour qu'on puisse leur procurer la viande, on leur donne l'argent dont ils ont besoin pour en acheter aux indigènes sur place. Les commandants de cercle ont été autorisés à disposer de ce chef de sommes provenant des prises de guerre et des amendes administratives. Dans leur ensemble elles sont inscrites au budget du Gouvernement général pour un total de 30,000 francs.

C'est à cette source que l'on puise pour procurer aux soldats-laboureurs le matériel aratoire, les outils qui leur manquent, aussi bien que les premières semences.

Pour ce qui est du bétail indispensable à l'exploitation, il est bon de noter qu'un bœuf coûte à Madagascar de 30 à 40 francs. Chaque commandant de cercle possède dans sa réserve un petit troupeau de bœufs destinés à l'alimentation. En attendant l'heure de la boucherie, il prête volontiers aux soldats-laboureurs les éléments d'un attelage.

Il est à remarquer du reste que la plupart de ces jeunes gens ne se mettent pas dans leur « case » tout à fait démunis d'argent. La paye quotidienne du soldat est, aux colonies, beaucoup plus élevée qu'en France; puis les boutiques, les cafés-concerts, et généralement toutes les occasions de dépenser son argent à des niaiseries, manquent en Emyrne. On refuse d'autre part d'établir en concession les clients trop assidus du marchand de goutte. Le résultat de toutes ces conditions particulières est bon : on voit des soldats qui s'établissent avec des 1,200 francs de bon argent économisé sur leur solde.

Ceci était une méthode chère à Taine : quand il avait établi les mœurs d'un milieu, il animait vivement le tableau par la monographie de quelques individus supérieurs, en qui il incarnait l'idéal, bon ou mauvais, de leur temps.

Laissez-moi vous conter, à cet exemple, la courte monographie de deux soldats-laboureurs, établis par le général Galliéni sur la terre malgache. Vous vous formerez ensuite une opinion personnelle sur les avantages du système, et les espérances que l'on peut fonder sur la très opportune résurrection du soldat laboureur.

PREMIER EXEMPLE

Voici le miracle qu'a réalisé, en moins de trois ans, un simple soldat, le campagnard Briat, qui n'avait reçu d'autre instruction que les leçons d'un maître d'école primaire.

Installé, comme chef de poste, sur une concession de 100 hectares, dans le cercle d'Ankazobé, il s'est adonné à la culture du riz et des pommes de terre. Il y a adjoint un élevage modeste de poules et de porcs. Il a si bien réussi auprès des indigènes qu'ils l'ont prié de faire partie, quoique Européen, de leur « fokolone », c'est-à-dire de l'espèce de Conseil des notables qui administre les biens collectifs du village.

Entre temps, Briat, encouragé par ses supérieurs, a ouvert une école. Il a enseigné le français à *trois cents jeunes Malgaches*, et quand le général a passé par Ankazobé, il lui a présenté un bataillon scolaire, auquel il avait fabriqué un uniforme.

Tous ces soins n'ont d'ailleurs pas détourné Briat de l'exploitation de sa concession. A la fin de la première année, il a vendu pour 1,500 francs de pommes de terre. Au début de la seconde, il a fait venir de France un frère pour l'aider. A eux deux ils ont monté un commerce de toile qui représente, à cette heure, 300 francs d'affaires par mois.

Briat a remboursé toutes les avances que le Gouvernement général lui avait faites. Il annonce, en trois ans, un bénéfice de 20,000 francs.

Conformément au réglement, la concession de Briat a été augmentée de 100 hectares depuis que son frère est venu travailler à côté de lui.

DEUXIÈME EXEMPLE

L'histoire du sergent-major Pardiac tient en trois lignes ; elle n'est pas moins réconfortante :

Pardiac s'est installé dans le cercle d'Ambatandrazaka. Il s'est livré à la culture de la pomme de terre et du riz, à l'élevage des bœufs. Il disposait d'un capital d'une dizaine de mille francs : il réalise, à cette heure, quinze à vingt mille francs de bénéfices annuels. Voilà la réponse à notre question formulée page 35.

TROISIÈME EXEMPLE

Le lot de colonisation d'Analabé (cercle d'Anjozorobé) confié aux soldats d'infanterie de marine Soria et Anton, qui ont manifesté le désir d'être libérés dans la Colonie, est aujourd'hui en bonne voie d'organisation.

Cette concession, à laquelle on a donné le nom de « *colonie militaire d'Analabé* » a été défrichée sur une grande étendue et préparée pour la culture des céréales. Un essai de plantation de pommes de terre, tenté en juin dernier, ayant donné d'excellents résultats, 550 kilos de ce tubercule ont été nouvellement mis en terre.

D'autre part, les fonds marécageux qui se trouvaient dans la concession viennent d'être transformés en rizières. Vingt-six mesures de paddy y ont été ensemencées et le repiquage pourra avoir lieu prochainement.

Des travaux de reboisement ont été également entrepris ; la pépinière préparée à cet effet compte déjà de nombreux plants de lilas, de bibassiers, de mûriers, de pêcher, etc. Des essais de plantation de café seront tentés prochainement.

En raison de la fertilité exceptionnelle de ce lot, et grâce aux connaissances agricoles et au travail constant des deux militaires qui l'administrent, il y a lieu de présumer que les résultats dépasseront les espérances et que bientôt la concession qui leur a été accordée sera l'une des plus riches et des plus productives de la vallée.

Ajoutons que Sorla et Anton se livrent aussi à l'élevage. Le troupeau compte actuellement 117 bœufs et vaches, une belle porcherie et une grande basse-cour. Ces animaux servent surtout à fournir le fumier nécessaire à l'amélioration du terrain qui, pour certaines semences, ne donnerait sans lui qu'un résultat médiocre.

Voilà les véridiques et très belles histoires que le général Galliéni nous a contées dans un banquet d'économistes. Et tout le monde approuvait de la tête, et de ces paroles il sortait une bonne lumière d'espoir. Quel meilleur exemple peut-on, en effet, opposer à ceux qui doutent des miracles que peut accomplir l'énergie française quand on la guide au lieu de la décourager ? D'ailleurs j'apercevais, au milieu de nous, un des collaborateurs les plus dévoués du gouverneur de Madagascar, le lieutenant-colonel Lyautey. On me disait tout bas qu'il était l'auteur de ce prophétique article sur « le *Rôle social de l'officier* » que la *Revue des Deux Mondes* publia, voici trois ou quatre ans, sans signature.

Et l'on me rappelait que l'empereur d'Allemagne voulut alors connaître l'auteur de ces pages si noblement inspirées. Il demanda si ce n'était là qu'un projet, ou si, en France, quelques efforts, encouragés par le gouvernement, avaient répondu à cet appel généreux.

LE RÔLE COLONIAL DE L'OFFICIER

Or, après avoir examiné ici le rôle du *Soldat-colon*, il est indispensable de définir le *rôle colonial* de l'officier et de l'armée.

« C'est encore le colonel Lyautey qui expose de la façon la plus remarquable ce rôle si important.

En voici les éléments principaux :

Commençons par établir qu'il n'y a pas lieu de s'attarder aux querelles d'école entre le régime militaire et le régime civil des colonies.

Est-ce que tout colonial, administrateur ou colon, ne fait pas œuvre de militaire ? Se prémunir contre les revirements toujours possibles chez des populations contenues par une poignée d'Européens, commander ses milices, ses engagés indigènes, n'est-ce pas faire un acte de soldat ?

Et le soldat qui organise le pays à mesure qu'il le conquiert, n'est-il pas un administrateur ?

Sont-ce des civils ou des militaires ces colons, ces agriculteurs qui, dans l'Afrique du sud, en ce moment même, ont gagné des batailles rangées ?

Vainement on cherche la démarcation. La vérité, c'est que la vie du dehors, la mise aux prises constante avec la misère, les obstacles, les périls, la lutte quotidienne contre les hommes et les éléments, plongent dans la même trempe tous les tempéraments. De ceux qui ont été soumis à cette rude école, les uns restent au premier tournant; mais des autres résulte un être spécial qui n'est plus ni le *militaire*, ni le *civil*, mais qui est tout simplement le *colonial*.

Le rôle colonial de l'armée, suivant la méthode pratiquée et développée à Madagascar par le général Galliéni, après d'illustres prédécesseurs, exclut autant que possible la *colonne* proprement dite et y substitue la méthode d'*occupation progressive*. L'occupation militaire consiste moins en opérations militaires qu'en une *organisation qui marche*.

Le système appliqué d'une manière absolue par le général Galliéni repose sur l'identité du commandement militaire et du commandement territorial.

« La circonscription minima, qui est le *secteur*, correspond à la région que peut tenir une compagnie, un peloton, dont le chef, capitaine ou lieutenant, est en même temps le chef du secteur.

Le *cercle*, réunion de plusieurs secteurs et, par conséquent, de plusieurs compagnies, correspond à l'action d'un officier supérieur.

Le *territoire* est l'organe supérieur d'action politique et militaire. Son rôle est de fondre l'action particulière des cercles dans l'action d'ensemble, d'empêcher que l'intérêt général ne soit subordonné aux intérêts régionaux. Ce sont de vraies lieutenances du Gouvernement général, destinées à mettre en liaison des régions qui s'ignoreraient entre elles, à les faire entrer en relations économiques les unes avec les autres, à coordonner et à faire converger vers un but commun aussi bien les opérations militaires que les travaux de premier établissement. Ils correspondent à l'action d'un colonel.

Il faut que toute troupe jetée dans un pays neuf soit celle qui doit y séjourner, le *coloniser*.

« Une expédition coloniale devrait *toujours* être dirigée par le chef désigné pour être le *premier administrateur du pays après la conquête*. »

« Oh! c'est qu'alors la route qu'on poursuit, le pays qu'on traverse vous apparaissent sous un tout autre angle!

Qu'on excuse un souvenir personnel : Dans une de mes premières expéditions, étant en bivouac sur la rivière Claire, j'appris qu'un des jeunes officiers présents avait débuté sous l'un des chefs qui avaient laissé au Tonkin la trace la plus profonde, le colonel Pennequin, et dans mon zèle de débutant je ne voulais pas laisser échapper cette occasion d'apprendre quelque chose sur l'œuvre de ce chef, l'un des maîtres de notre école.

« Oh! me fut-il répondu, le colonel Pennequin, j'ai marché avec lui. *Au combat, il se préoccupait bien moins de l'enlèvement du repaire que du marché qu'il établirait le lendemain.* » Sans le vouloir, ce jeune homme, qui croyait faire une critique, avait trouvé là la formule de la guerre coloniale; car lorsqu'en prenant un repaire, on pense surtout au marché qu'on y établira le lendemain, on ne le prend pas de la même façon.

« Et lorsqu'on conquiert avec cet état d'esprit, certains mots ne gardent plus exclusivement leur signification militaire.

La route, alors, n'est plus seulement la « ligne d'opération », la « route d'invasion ; » mais la voie de pénétration commerciale de demain. Tel plateau, aux bonnes communications, aux abords faciles, ne vaut plus seulement comme position stratégique ou tactique, mais comme centre de relations économiques, comme emplacement d'un marché prochain, et tout s'y fait en conséquence. Telle riche plaine n'est plus seulement un point de ravitaillement militaire; *mais un centre de ressources et de cultures à ménager, à gérer immédiatement en bon père de famille.*

Les soldats se transforment en agriculteurs, en ouvriers d'art, en instituteurs.

Le but poursuivi par le général Galliéni, c'est *l'utilisation coloniale* de chaque homme du corps d'occupation conformément à ses aptitudes. Ce qu'il n'admet pas, c'est que la force vive que représente un Français aux colonies reste inemployée. Du jour où le secteur assigné à une compagnie a été pacifié et où le dernier coup de fusil y a été tiré, cette compagnie ne représente plus seulement l'unité militaire, mais surtout une collectivité, un réservoir de contremaîtres, de chefs d'atelier, d'instituteurs, de jardiniers, d'agriculteurs tout portés, sans nouvelles dépenses de la métropole, pour être les premiers cadres de la mise en valeur coloniale, les premiers initiateurs des races que nous avons la mission providentielle d'ouvrir à la vie industrielle, agricole, économique, et aussi, oui, il faut le dire, à une plus haute vie morale, à une vie plus complète.

Et combien cela est facile avec le cher soldat français, redevenu, une fois dispersé par un, par deux, parmi les villages malgaches, le paysan de France, l'ouvrier de France, avec tout ce que ces mots comportent de qualités d'ordre, de prévoyance, d'ingéniosité et aussi d'endurance, de cordialité, de belle humeur.

« Pour une telle œuvre, il faut une armée coloniale qui soit vraiment une *armée coloniale* et non pas seulement de *l'armée aux colonies*. Peu importe, dit le lieutenant-colonel Lyautey, à quel ministère elle soit rattachée. L'essentiel, c'est qu'elle ait son autonomie et qu'elle ait des chefs bien distincts chez qui l'idée coloniale et l'adaptation de l'outil à son emploi priment toute autre considération. »

LE SOLDAT FRANÇAIS COLONISATEUR

Voici la conclusion de M. Lyautey :

« A voir, en vivant de leur vie, nos petits soldats marquer de leur trace personnelle tant de coins du globe, à retrouver leurs noms, comme ceux des légionnaires romains, gravés au seuil des voies nouvelles qu'ils ouvrent aux transactions des hommes, on se reprend aux longs desseins et aux espoirs vivifiants.

Certes, ce n'est empiéter ici sur aucun domaine réservé que de constater autour de nous beaucoup d'inquiétudes et de motifs d'inquiétude. Il est impossible, pour peu qu'on mette le pied hors de France, de ne pas constater par toute la terre les fluctuations de nos méthodes et le recul de notre action. C'est simple affaire de statistique de compter à Singapour, à Colombo, à Hong-Kong, à Zanzibar, les maisons nouvelles qui s'ouvrent d'une année à l'autre et de constater qu'elles ne *sont pas françaises*. La vie du dehors aussi nous apporte nos heures de doute et d'angoisse.

Mais, après cette part, qu'il est sage de faire très large, au pessimisme, ouvrons la porte aux espoirs réconfortants en constatant, sur tous les champs du monde, la valeur persistante, sinon croissante du Français individu. Quels que soient les obstacles apportés à chaque pas à son développement et à son initiative, il est toujours là. Chez tous, colons, administrateurs, soldats, missionnaires, c'est la même endurance, le même ressort, le même rebondissement sous la mauvaise fortune, la même belle humeur. Ah! *la belle pâte d'hommes!*

A l'un des derniers repas officiels que nous fîmes à Madagascar, un consul étranger, notre voisin, nous demanda de qui était le charmant dessin qui illustrait notre menu: « C'est l'œuvre d'un sous-officier ». — « Ils font donc tout, vos sous-officiers! Je les ai vus contremaîtres, instituteurs, agronomes, guerriers, ils sont donc bons à tout! »

Oui, ils sont bons à tout et tous les autres aussi, soldats, colons, qui portent par le monde les inépuisables ressources de notre race. Attachés à l'œuvre locale, dégagés des mauvais bruits de la métropole, exaltés par le résultat immédiat de l'action directe, par la responsabilité du commandement, ils sont tous des hommes de devoir actif et précis. Et s'il n'y avait pas tant de raisons d'un autre ordre, c'en serait déjà une pour donner sa foi à *l'œuvre coloniale*, cette incomparable pépinière d'énergies et de volontés qui ne peuvent pas être un *capital perdu* ».

Cette étude a attiré l'attention de l'empereur d'Allemagne. Espérons qu'elle attirera celle de nos nationaux et que ces principes seront désormais adoptés et appliqués comme la meilleure méthode et la meilleure règle de conduite dans nos affaires coloniales.

PROJET BRUNET

M. L. Brunet, député de la Réunion, avait formulé une proposition tendant à faire accorder par l'autorité compétente des concessions, de 100 hectares chacune, à cinq ou six cents familles d'Alsaciens-Lorrains et de créoles de Bourbon.

Soumise à M. le Ministre, cette proposition a été suivie d'une lettre du ministre, disant : « qu'il était tout prêt à favoriser ce projet et qu'il invitait le général Galliéni à seconder de tout son pouvoir cette œuvre patriotique en donnant des instructions en ce sens à tous ses subordonnés. » Nous rendons justice aux efforts de M. Brunet et nous désirerions vivement voir réussir son projet dans son double but, éminemment louable.

Mais il devait rencontrer dans son application absolue bien des objections :

Il s'agit d'ouvrir l'émigration à des centaines d'Alsaciens-Lorrains qui sont en France et à des centaines de Bourbonnais qui sont à la Réunion.

On leur donnerait pour commencer soixante mille hectares. Ce n'est pas excessif ; mais en même temps, il faut allouer à ces six cents familles un subside et les frais de transport.

LES SUBSIDES

Il y a lieu de se demander : 1° Si ces centaines de familles d'Alsaciens-Lorrains sont disposées à s'expatrier ; 2° qui leur fournira la somme nécessaire ?

Est-ce le Parlement, l'Etat ou la Colonie ?

La discussion du dernier budget colonial ne permet pas d'admettre l'hypothèse que ce sera le Ministère des colonies bien qu'il doive être surtout un ministère de Colonisation.

Dans un temps plus ou moins long, si ce recrutement de centaines de familles d'émigrants volontaires est applicable, peut-être sera-t-il possible de leur faire allouer ou de se procurer cette somme d'au moins un million.

Pour le moment, n'est-il pas plus urgent et plus facile, pour commencer, d'utiliser un élément précieux, déjà rendu sur place, acclimaté, éprouvé, agissant en connaissance de cause, sans de nouveaux frais de transport, c'est-à-dire les *militaires coloniaux libérés,* dans la colonie où ils s'engagent sous un nouveau volontariat civil, celui de la colonisation.

La prime à leur donner serait bien moindre ; elle serait remboursable ; elle serait fournie *par la colonie*, à des militaires libérés sur place, déjà présents dans la colonie qu'ils ont appris à connaître, le fusil sur l'épaule, et qu'ils désirent faire fructifier à leur profit, la pioche à la main, avec le concours des indigènes en contact quotidien avec eux.

C'est à ce simple problème, déjà si gros d'espérances justifiées que nous voulons nous borner.

Or, M. le Ministre, et nous l'en remercions respectueusement, avait déjà déclaré au Parlement : « qu'il réserverait sur le boni de l'emprunt de Madagascar une somme destinée à aider l'installation des militaires libérables voulant s'établir dans la colonie. » On pourra faire de même dans les autres colonies.

LETTRE DU GÉNÉRAL GALLIÉNI

D'autre part, M. le général Galliéni s'occupait justement de trouver les moyens d'aider nos soldats libérables dant la colonie et voulant y créer des établissements agricoles. « Je voudrais, m'écrivait-l, dès le 7 janvier 1897, mettre à leur disposition, en outre de terrains disponibles, un certain capital qui leur serait simplement avancé et qu'ils rembourseraient ensuite en dix ans, par exemple. C'est une des questions qui me préoccupent le plus parce que, pour moi, la *colonisation agricole*, est la plus sérieuse de toutes, surtout à Madagascar. »

Donc, nous devons pour l'instant nous en tenir à l'élément fourni par la libération sur place.

PROGRAMME DE COLONISATION

Depuis que ces propositions ont été émises de notre part, et sous une autre forme appelant les réserves ci-dessus par M. Brunet, le général Galliéni a lancé sa circulaire du 21 avril, qui est le compendium de tout ce qui a été dit et écrit de plus pratique sur les voies et moyens de la colonisation.

L'Administration est restée jusqu'ici à peu près sourde à la voix des apôtres de la colonisation ; mais le gouverneur général en a publié l'évangile en prêchant d'exemple et en faisant suivre ses paroles par des actes d'initiative.

A l'aurore de l'organisation rationnelle, progressive et rapide de notre nouveau domaine, le clairon a sonné au drapeau, par ordre d'un général qui a foi dans son plan et dans sa campagne. Cet appel secouera l'inertie des Pouvoirs publics parce qu'il sera entendu de la nation. Les promesses jusqu'ici aussi solennelles que platoniques, sinon négatives, deviendront des réalités tangibles. Déjà l'écho de son appel n'a été qu'une approbation unanime, au sujet de l'instrument d'action qu'il va mettre aux mains de nos compatriotes civils et militaires.

Déjà les Français de Madagascar lui ont exprimé leurs sentiments. Aux Français de la métropole, adeptes de notre expansion coloniale, de se joindre à nos nationaux militants.

Le programme du Gouverneur général est connexe dans son application. Il comporte trois éléments de fonctionnement. Ce sont : 1° Les bureaux de colonisation créés par lui à Madagascar, dont il a seul la haute direction. 2° Les bureaux du Ministère des colonies.

Leur concours officiel est, en effet, obligatoire pour la sanction à donner aux actes des bureaux de colonisation dans les colonies et à diverses mesures telles que transports, subsides, concessions territoriales, libération des militaires, etc.

PROPOSITION BAZILLE ET DUTREIX

Le corollaire obligé du programme local élaboré par le général Galliéni a été de provoquer de la part des députés Bazille et Dutreix une proposition au gouvernement, à l'effet de préparer et de sou-
« mettre au Parlement un *programme de colonisa-*
« *tion* à appliquer pour la mise en valeur de toutes
« les colonies françaises. » Ce programme devra être distinct pour chaque colonie dans le détail. Il n'a pas encore été fourni.

En 1887, M. Léveillé avait déposé une proposition de loi qui édictait ces deux dispositions excellentes : d'une part, *création d'un inventaire des biens fonciers* de l'État en dehors de la France continentale; d'autre part, affectation de ces propriétés domaniales à la *dotation de l'armée coloniale* et à la constitution d'une *caisse générale de la colonisation*. Il est temps d'adopter cette double proposition.

AGENTS GÉNÉRAUX DE COLONISATION

Enfin, le troisième élément doit être la création à Paris, avec succursales dans les grands centres de province, d'un « agent de colonisation », correspondant aux agents des bureaux créés dans les colonies. Il sera leur mandataire plus officieux qu'officiel.

Il n'aura aucun pouvoir ni politique, ni financier. Il ne sera ni commerçant, ni agent d'affaires. C'est en cela seulement qu'il différera des Agents coloniaux de l'Australie, du Canada, du Sud-Amérique, qui rendent de si grands services à ces colonies.

Il sera l'intermédiaire direct et constant entre le public français et la colonie qui l'aura accrédité. Ce sera un simple chef de bureau, un chef de secrétariat recevant des instructions, un agent d'exécution.

La presse coloniale réclame la création de ces agents. Je l'ai préconisée depuis de longues années.

VŒUX DU CONGRÈS DE 1896

Le congrès national de Lorient, en 1896, a émis à ce sujet un vœu dont les ministres compétents ont été saisis.

Les colonies sont favorables à cette création et se rendent bien compte de son utilité.

Il est donc désirable :

1. En ce qui concerne la colonisation par les militaires coloniaux, que le gouvernement favorise par tous les moyens la libération *sur place* des militaires coloniaux s'engageant à devenir colons ; que des mesures soient prises à cet effet, de concert entre les ministres de la guerre, de la marine et des colonies; que ces mesures visent de la façon la plus libérale les militaires coloniaux originaires d'Alsace-Lorraine.

2. En ce qui concerne la mise en valeur de nos colonies ;

Etant donné le programme de colonisation formulé par le général Galliéni et ses dispositions si complètes, si multiples et si pratiques, d'une part et d'autre part, le vœu du congrès de Lorient, ainsi conçu : que les colonies pouvant recevoir des émigrants français, créent et entretiennent en France et surtout à Paris, un agent de colonisation accrédité et autorisé par elles, avec l'approbation du département, pour servir *d'intermédiaire direct et quotidien* entre elles et le public français, il y a lieu de procéder à cette création. Cet agent sera plus accessible, moins formaliste que les bureaux ministériels.

M. Chailley Bert, Secrétaire général de l'Union Coloniale, a repris point par point, en septembre 1899, toutes nos propositions au sujet du rôle de l'Administration vis à vis du colon et réciproquement.

« Dans des colonies comme le Tonkin, dit-il, voici quels y seraient, à cette période où nous sommes de la Colonisation, le rôle et le devoir de l'Administration et des colons.

1. *Agence de colonisation en France.* — L'administration du Tonkin doit posséder en France une agence de colonisation, comme en a à Londres chacune des colonies anglaises, agence où seront centralisés les renseignements de toute nature et où des personnes *compétentes et dévouées* se mettent à l'entière disposition des colons pour les renseigner, de vive voix ou par écrit, sur *tout* ce qu'il leur importe de savoir, et même pour les aider, au besoin, de leur autorité morale dans la solution de certaines questions que les administrations compliquent parfois sans y prendre assez garde.

2. *Agence de colonisation du Tonkin.* — Le colon, arrivé au Tonkin, doit trouver un bureau où s'adresser pour tout ce qui concerne son existence nouvelle. Où se loger? Comment se vêtir? Où déposer ses fonds? A qui s'adresser pour visiter le pays avant de songer même à faire choix d'une région, d'un district, puis d'un emplacement? N'y a-t-il pas, par hasard, des domaines vacants? des colons désireux de vendre? d'autres qui cherchent un associé? d'autres qui ne demandent que des capitaux? Y a-t-il des régions sur lesquelles l'opinion de la colonie soit faite et dont les nouveaux venus doivent se garder? Y en a-t-il d'autres, au contraire, sur lesquelles ils doivent de préférence se diriger? Voilà vingt questions dont la réponse, préparée d'avance, éviterait au colon bien des pertes de temps et peut-être même bien des erreurs. L'administration ferait œuvre utile en hâtant la création de l'agence qui serait chargée de ce service.

3. *Assistance en ce qui concerne les terres.* — Une colonie, comme le Tonkin, qui attend sa prospérité du nombre et de la qualité des colons agriculteurs, doit tout faire pour les attirer. Un des moyens les plus efficaces serait d'avoir un *registre terrier* où seraient enregistrés à l'avance un certain nombre de lots de concessions, choisis dans les différentes provinces, d'altitude et de contenance différentes, de manière à donner du choix au colon. Pour arriver à constituer un pareil *terrier*, il faut deux choses: un service comme celui que les Anglais appellent *survey*, composé à la fois de cartographes, d'ingénieurs des mines et d'agronomes,

qui dresse à *grands traits* la carte de toutes les provinces, et un second service de cadastre, composé de géomètres et d'agronomes, qui délimite ça et là *un certain nombre* de lots et indique pour chacun la valeur agricole au point de vue de la teneur et de la fertilité des terres, de la facilité d'accès, de l'abondance de la main d'œuvre, etc.

4. *Assistance en ce qui concerne l'agriculture.*— Outre ces renseignements *généraux*, chaque colon devrait, en outre, pouvoir trouver, auprès des Services de l'Agriculture de la colonie, une assistance *spéciale*, en ce qui concerne l'analyse des terres des différentes parties de sa concession, le genre de culture qui paraît y convenir, et, enfin, ce qui peut lui faire gagner jusqu'à deux années, des graines et de jeunes plants, contre remboursement.

5. *Assistance sur le terrain de la main-d'œuvre.* — Ce n'est pas tout : le colon doit, avant même de s'installer sur sa concession, et comme condition préalable de son installation, trouver assistance auprès du Résident ou Vice-Résident de sa province, qui l'aidera à se procurer de la main-d'œuvre. Je ne reviens pas sur ce point. Je me suis expliqué suffisamment.

6. *Assistance sur le terrain économique.* — Enfin le colon peut et doit demander au Gouvernement de la colonie des transports rapides et à bon marché et un régime douanier approprié aux besoins du pays.

Voilà ce qu'un bon gouvernement doit aux colons, s'il veut les attirer au Tonkin et dans nos autres colonies. »

Nous n'avons jamais cessé d'insister, depuis 1883, sur la nécessité des mesures précitées. On commence à s'en rendre compte; à les appliquer avec raison et profit et à en confirmer la valeur.

SERVICE D'ÉMIGRATION ET PROPAGANDE EN ANGLETERRE

Voici, d'autre part, comment est organisé en Angleterre le service d'émigration et le système de propagande en vue du *peuplement* des colonies (1).

Le gouvernement anglais, qui ne se targue point d'ubiquité et qui sait par expérience tout le parti qu'on peut tirer de l'initiative privée bien secondée et bien conduite, n'a garde, comme en certains pays, de chercher à se substituer à elle. Au contraire, son principal effort est de provoquer l'intervention de l'action privée sous ses formes multiples et de lui faciliter la tâche. En principe même, il n'intervient directement que dans le cas où l'action privée est impuissante à accomplir l'œuvre projetée. Pour tout le reste, il s'en remet à l'action de certaines institutions auxiliaires qui semblent n'obéir qu'à leur propre initiative; mais que leur intérêt ou même des conventions, en bonne et due forme, constituent les agents dociles et dévoués de sa politique. La première de ces institutions est l'*Emigration office*, service privé à première vue, puisqu'il est administré, non par des fonctionnaires, mais par des hommes de bonne volonté;

---

(1) Georges Bourdon : *La Bourse et la politique coloniale de l'Angleterre*.

service public, en fait, puisqu'il est créé par le gouvernement, que ses agents exercent un droit de surveillance et de police sur les navires d'émigrants et qu'enfin il a pour président le Secrétaire d'Etat aux colonies lui-même.

Cette institution a pour mission de guider et de protéger les émigrants, et en même temps de renseigner le plus exactement possible le commerce et l'industrie sur l'état économique, les ressources et les besoins de tous les pays du globe.

Pour guider le commerce, il publie régulièrement sur chaque pays un résumé des rapports consulaires. Ce sont là des mines de documents précieux trop dédaignées ailleurs, mais scrupuleusement mises à profit par nos voisins. D'où, pour eux, une connaissance très précise de trouver au plus bas prix les matières premières qui leur sont nécessaires, et d'accroître sans cesse et à bon escient leurs débouchés.

Pour diriger l'émigration, il a ses bureaux de Londres et de province. Il entretient, en effet à Belfast, Bristol, Cardiff, Dublin, Glasgow, Hull, Leith, Liverpool, Londonderry, Plymouth, Queenstown, North Shields, Southampton et autres grandes villes, des agences où chacun peut s'enquérir des questions coloniales ou commerciales qui l'intéressent.

Au surplus, il édite régulièrement une série de petites brochures gratuites ou de prix très modiques, où il consigne, avec cette précision et cette minutie propre à l'esprit britannique, tous les renseignements relatifs aux colonies ou au commerce extérieur.

Il publie, en outre, une monographie détaillée de chaque colonie britannique. On peut se procurer ainsi les renseignements les plus complets sur le Canada, l'Australie, la Tasmanie, la Nouvelle-Zélande, le Cap, le Natal, le Bechuanaland, les Indes, Ceylan, etc.

Climat, température, prix des denrées alimentaires, des vêtements, des logements, moyens de locomotion et de communications postales et télégraphiques, taux des salaires, industries, etc.

Enfin, par des notes communiquées aux journaux, l'Office d'émigration tient régulièrement le public au courant de toutes les questions coloniales et commerciales qui méritent de lui être signalées.

L'Office ne borne pas là son œuvre : Après avoir guidé et conseillé les émigrants, il les prend sous sa direction au moment du départ. Aux termes du *Merchants shipping act*, aucun navire transportant des émigrants ne peut quitter le port sans avoir été inspecté par un agent de l'Office. Celui-ci inspecte les provisions, s'assure qu'elles sont de bonne qualité, qu'elles sont en quantités proportionnées au nombre des passagers et capables de fournir à chacun la ration hebdomadaire stipulée par l'acte. Il veille aussi à ce qu'un médecin, attaché au bureau d'émigration, passe la visite des passagers et interdit le départ de ceux qui présentent des symptômes de maladies susceptibles d'être communiquées.

L'Office d'émigration est, d'ailleurs, puissamment secondé dans son œuvre par des sociétés privées et par les administrations régionales ou paroissiales elles-mêmes.

ÉMIGRATION DES FEMMES

Le *Colonial Emigration Society*, ayant succursale à Manchester et à Leeds, a pour objet de faciliter l'*émigration des femmes aux colonies*, en leur procurant des protections au loin et leur avançant le prix du voyage.

Il en est de même de l'*United British Women's émigration Association* qui a des correspondants dans les colonies et leur adresse les femmes ou jeunes filles, auxquelles elle prête les fonds nécessaires au voyage, moyennant certaines garanties.

LES FONDS

Quant aux administrations des paroisses et des comtés, elles sont autorisées à prélever sur les fonds dont elles ont la gérance et sous certaines stipulations les sommes nécessaires pour pourvoir aux dépenses d'émigration des nécessiteux ou encore des orphelins et enfants abandonnés de leur circonscription. C'est ce que nous avons appelé la Colonisation par l'Assistance.

PROPAGANDE COLONIALE

On conçoit l'action que ces œuvres, opérant de concert, ont sur le *rapide peuplement* des colonies britanniques.

Personne, en effet, n'émigre de gaîté de cœur. Chez les êtres les plus endurcis, il n'est répugnance plus vive que cet arrachement au sol natal, même lorsqu'on y a profondément souffert. Le premier devoir d'un gouvernement soucieux de voir prospérer ses colonies est donc de dissiper cette répulsion première, de faire comprendre à tous que la justice est partout où flotte le drapeau national, et de faire accepter l'hypothèse d'un établissement aux colonies comme un des actes les plus ordinaires de la vie. Le gouvernement anglais n'y manque point et le but de son Office d'émigration est de créer un état d'esprit orienté vers les choses coloniales, de montrer les colonies telles qu'elles sont, c'est-à-dire pleines de ressources, déjà peuplées de compatriotes et offrant à toutes les activités des chances nombreuses de prompte fortune, ou tout au moins de bien être matériel et moral.

Sous des formes multiples enfin, la publicité lui prête un concours utile: *Les gares sont tapissées d'affiches* montrant des fermes d'Australie ou du Canada; les devantures des innombrables bureaux de navigation ou de commerce sont garnies de reproductions photographiques de tous les sites de l'Empire anglais. Là, des plantations de la Guyane, de la Jamaïque ou du Honduras; ailleurs ces jeunes et déjà immenses cités du Cap ou de la Nouvelle-Zélande sorties de terre en quelques années comme par enchantement. Partout le témoignage de l'activité anglaise sous toutes les latitudes, partout l'assurance qu'aux antipodes comme aux bords de la Tamise, l'Anglais retrouvera l'essence de la vie anglaise et de la patrie anglaise.

Cette *obsession perpétuelle* de l'imprimé et de l'image crée une mentalité spéciale, éminemment favorable à l'expansion coloniale. Chacun a lu tant de livres, de notices et d'articles, tant vu de gravures qui décrivent et représentent les colonies, qu'elles lui sont devenues aussi familières que s'il les avait visitées. Elles ne sont plus à ses yeux que le prolongement naturel du territoire britannique. Il s'y rend volontiers, affranchi de l'angoisse et de l'oppression qui pèsent sur les autres, car il a le sentiment de passer simplement d'un district de l'Angleterre dans un autre district de l'Angleterre. Toujours présentes à son esprit, elles lui apparaissent aussi comme la ressource suprême en cas d'échec. S'il manque sa carrière dans la métropole, il a confiance de pouvoir la refaire là. Combien de désespérés, acculés au suicide et au vol, ont été sauvés par la certitude *d'être embarqués gratuitement à première demande*, et d'avoir ainsi abri immédiat et nourriture régulière durant les quelques semaines consacrées à la traversée. Excellente mesure d'intérêt public et de préservation sociale!

Grâce à la propagande et aux sacrifices de ses œuvres de colonisation, l'Angleterre déverse ainsi chaque année sur ses possessions d'outre-mer le trop plein de ses malchanceux, de ses meurt de faim, de ses ratés, de cette écume où se recrute ailleurs l'armée du crime, et dont la transportation fait des travailleurs utiles, des hommes de vie régulière et de devoir. De là, en partie, cette diminution très sensible de la criminalité dont elle s'enorgueillit à bon droit.

Bien plus, l'impulsion étant donnée et la contagion aidant, il n'est pas rare de voir des jeunes gens riches, amoureux d'indépendance et de libre espace, s'en aller aussi aux antipodes entreprendre des plantations ou l'élevage du bétail. A leur suite, des armateurs organisent des services réguliers de paquebots, des compagnies viennent qui créent des ports, des chemins de fer, des lignes télégraphiques; des banques se fondent, des compagnies de commerce, d'assurances, de navigation s'installent; des villes surgissent et la vie économique circule à travers des régions naguère désertes.

MOUVEMENT DE L'ÉMIGRATION ANGLAISE

En 1881, 243,002 personnes ont émigré; en 1883, 320,418; en 1885, 207,644; en 1887, 281,487; en 1893, 208,814; en 1895, 185,181; c'est à l'active impulsion gouvernementale qu'est dû ce mouvement d'expatriation. Les esprits superficiels n'y voient qu'un acte d'initiative individuelle; les émigrants eux-mêmes sont peut-être convaincus de n'obéir qu'à une inspiration toute personnelle et spontanée.

C'est qu'ils n'aperçoivent pas la force occulte qui, pour leur bien et celui du pays, les a circonvenus, suggestionnés et les pousse en quelque sorte par les épaules vers le prochain navire en partance. Ainsi toute l'activité nationale est orientée vers les colonies qui l'en récompensent par un tribut toujours plus abondant de richesse et de puissance.

LES MISSIONS ET LES ÉCOLES

A l'extérieur, d'autres institutions, missions ou compagnies coloniales, complètent l'œuvre du gouvernement et l'aident à ouvrir des régions nouvelles à l'activité britannique. Encouragées, subventionnées et protégées, les missions sont comme les *Fourriers* de l'expansion britannique.

Tout nouveau poste qu'elles élèvent élargit démesurément le rayon d'influence britannique. Or, leurs postes sont innombrables. Elles en ont en Gambie, à Sierra-Léone, au Lagos, à la Côte-d'Or, dans le centre de l'Afrique, à la Nouvelle Guinée, et dans tous les archipels polynésiens. A Hong-Kong seulement elles sont dix sectes différentes; aux îles Fidji, elles ont près de deux mille écoles ou chapelles; au Basutoland, plus de deux cents — embryon de deux cents futures villes anglaises. On évalue à trente millions le nombre de leurs écoliers; mais qui pourrait calculer celui de leurs néophytes, des tribus et populations qui subissent leur ascendant, partant l'ascendant de l'Angleterre!

LES COMPAGNIES COLONIALES

Les compagnies à charte jouent un rôle analogue. Constituées sur le modèle de la Compagnie des Indes, de glorieuse et opulente mémoire, elles ont pour le gouvernement l'avantage de préparer de vastes régions à la colonisation britannique, tout en assumant les responsabilités, les dangers et les charges de la conquête.

Enfin, en accordant à la plupart de ses possessions le régime de l'*autonomie*, le gouvernement les dote d'un puissant facteur de vitalité et de prospérité.

AUTONOMIE

Puissance du Canada, État du Cap, États d'Australasie, Honduras, Guyane, la plupart des grandes colonies se gouvernent et s'administrent elles-mêmes, sous une constitution analogue à celle de la Métropole. Celle-ci est uniquement représentée par un Gouverneur général, investi, il est vrai, d'un droit de véto, mais qu'il n'exerce jamais.

Le pouvoir politique et administratif est exercé par un ministère responsable, sous le contrôle du Parlement. Les lois britanniques sont en principe le code de la colonie, mais elles ne sont applicables qu'après avoir été sanctionnées par le Parlement; à l'inverse d'ailleurs, les lois votées par le Parlement colonial ne peuvent entrer en vigueur qu'après approbation de la Couronne. »

Nous avons toujours demandé qu'on imite chez nous ce système de propagande et ces moyens de peuplement. Puisqu'ils ont si bien réussi chez nos voisins ils seront également utiles aux français désireux de s'installer dans nos colonies.

Outre l'Office Colonial, resté jusqu'ici trop platonique, le Comité Dupleix, l'Union coloniale, la Société française de colonisation, il s'est fondé au Havre en 1899, sous le patronage du préfet et du sous-préfet, une société d'aide et de protection aux colons.

Voici l'Exposé de ses projets:

SOCIÉTÉ D'AIDE ET DE PROTECTION AUX COLONS

Dans son remarquable rapport sur le Budget des Colonies, l'honorable député du Havre, M. Jules Siegfried, s'exprimait ainsi:

« La politique coloniale est donc une nécessité

« pour une grande nation comme la nôtre; mais il
« faut la pratiquer avec méthode et persévérance,
« ne perdant pas de vue que s'il convient de tra-
« vailler au bien-être matériel et moral des pays
« auxquels nous apportons notre civilisation, *il ne
« faut pas oublier les avantages que nos nationaux
« ont le droit d'en retirer.* »

Et sa conclusion est la suivante :

« Avec ses 38 millions d'habitants, avec les
« facilités de communication, avec la concurrence
« acharnée qui existe partout, la France est trop
« petite; il faut aller dans la Plus grande France
« et avoir l'ambition de répandre notre influence
« dans toutes les parties du monde, au plus grand
« profit de nos intérêts politiques et matériels. »

Ces sages paroles ne doivent pas rester lettre morte. Il faut agir vite, si nous ne voulons pas voir se continuer ce qui a toujours existé jusqu'ici : L'exploitation de nos colonies par l'étranger.

Depuis bientôt vingt ans, l'expansion coloniale est à l'ordre du jour : la Tunisie, le Tonkin, Madagascar sont venus s'ajouter à notre domaine colonial; la France a sacrifié à cette idée des milliers de vies humaines, le meilleur de son sang pourrait-on dire. Est-ce par esprit de conquête, pour la gloire chèrement acquise ? Non : le but avéré dans l'esprit et dans les paroles des grands Français qui ont préconisé la politique coloniale, des Gambetta, des Ferry, était d'assurer dans l'avenir un vaste domaine à l'activité commerciale et industrielle de la France, au développement de son génie scientifique et artistique.

Ce domaine nous l'avons grâce à l'endurance, à l'héroïsme de notre armée et de notre marine; grâce aussi à la libéralité de nos assemblées politiques qui nont jamais marchandé les subsides quand il s'est agi d'accroître le patrimoine de la France.

L'ère des conquêtes peut donc à juste raison paraître close ; mais l'ère des difficultés ne fait que commencer: après avoir conquis il faut coloniser.

Des explorateurs hardis se sont faits conférenciers de talent pour venir nous décrire les pays traversés, leurs ressources, leurs richesses inexploitées et leur conclusion à tous est de dire aux Français : Allez donc là-bas, vous tous qui ne trouvez pas en France d'aliment à votre activité, qui végétez plutôt que vous ne vivez, qui vous plaignez de l'encombrement de toutes les carrières, qui vous étiolez dans des positions infimes et ingrates; vous tous, ouvriers, qui souffrez du chômage chronique, de ce mal inhérent à l'industrie moderne contre lequel l'énergie personnelle est impuissante; vous vous créerez une vie nouvelle, plus large et plus féconde; vous vous rendrez utiles à vous et aux vôtres et vous aurez par surcroît conscience d'être une valeur pour la mère Patrie.

Ce langage, sincère et noble dans son but, qui de nous ne l'a pas entendu et applaudi chaleureusement?

Mais hélas! il faut bien avouer que ces encouragements éloquents ne peuvent que rester stériles si l'on n'aborde pas résolument les voies et moyens pratiques de faciliter *l'exportation de l'individu*:

c'est là le problème qu'il s'agit de résoudre, si nous ne voulons pas continuer à déplorer que nos colonies ne sont pas peuplées par des Français.

Jusqu'à présent, ceux qui se préoccupent de la colonisation effective et efficace de nos possessions se divisent en deux catégories: les uns attendent tout de l'État et les autres comptent exclusivement sur l'initiative individuelle.

CONCOURS DE L'ÉTAT

Or, l'État ne saurait tout faire; mais l'individualité isolée, sans aide et protection, peut encore moins.

L'État, jusqu'alors, s'est toujours contenté d'envoyer aux colonies une armée de fonctionnaires, plus ou moins improvisés et que leur antécédents ne rendent pas toujours bien compétents en matière de colonisation. Le budget métropolitain en est grevé lourdement, c'est possible; mais le premier devoir de l'État n'est-il pas d'assurer l'ordre, la protection de la propriété, la distribution de la justice, toutes choses sans lesquelles le colon ne saurait prospérer? Ce qu'on peut demander ou exiger de l'État, c'est que ces fonctionnaires sentent plus profondément leur mission qui est de donner aide et protection, de préparer et d'aplanir le terrain au colon dont ils ne sont, au fond, que les précurseurs.

INITIATIVE INDIVIDUELLE

Quant à l'initiative individuelle, tant prônée, que peut-on bien en attendre?

Il est de toute évidence que l'individu isolé, sans ressources sérieuses, ne saurait aller aux colonies sans s'exposer à y trouver la médiocrité, sinon la misère qu'il cherche à fuir. C'est bien pour cette raison que l'État exige, pour donner le passage gratuit pour une de nos colonies, que l'émigrant justifie d'un capital de 5,000 fr., ou d'un emploi assuré d'avance à destination; réserve sage à tout prendre; mais qui limite bien étroitement l'exode vers nos colonies à un bien petit nombre de bonnes volontés, alors que tant de natures énergiques seraient probablement disposées à aller chercher sous un autre climat le travail régulier et fécond qui leur manque sur le sol natal.

Eh bien, ce que l'État ne saurait faire et ce que l'initiative individuelle est encore plus impuissante à faire, c'est à l'initiative des collectivités qu'il faut le demander.

Grouper toutes les bonnes volontés, toutes les personnes qui s'intéressent à nos colonies, tous les patriotes, en un mot, dans une grande « Société d'aide et protection aux émigrants colonisateurs français, » voilà ce que nous proposons.

GROUPEMENT DE COLONS

Cette Société a pour principal but de fournir aux candidats colons les premières ressources nécessaires à leur établissement, non sous forme de don, mais sous forme d'un prêt (sans intérêts), dans des conditions à déterminer; ensuite, d'obtenir le passage soit de l'État à titre gratuit ou des Compagnies de navigation à prix réduits.

Au lieu d'envoyer des individus isolés aux colonies, ce que nous ne considérons pas pratique, on réunirait individus et familles par vingt ou vingt-cinq, ayant à leur tête un chef de file ; ces groupes s'établiraient, travailleraient et se nourriraient en commun pour commencer. On procéderait en fait, en petit, comme procèdent en grand les Américains du Nord lorsqu'un nouveau territoire est ouvert au défrichement : ces groupes primitifs, une fois installés et organisés, se renforceront par d'autres auxquels la tâche serait facilitée par les premiers venus ; de groupement en groupement, l'accroissement naturel de ces petites colonies aidant, des centres importants de colonisation se formeraient et constitueraient autant de foyers d'attraction.

Dans un avenir plus ou moins lointain, mais qu'il est légitimement et logiquement permis d'entrevoir, le peuplement de nos colonies par de nombreux français entraînerait comme corollaire naturel la solution de cet autre problème national, toujours pendant et jamais résolu : *le recrutement de nos armées coloniales*. Nos futurs colons et leur descendance fourniront en effet les éléments *acclimatés*, les cadres tout indiqués de notre défense coloniale et dispenseront de plus en plus la métropole de recourir, pour constituer cette armée spéciale, aux jeunes contingents européens.

En envisageant cet idéal comme but, si éloigné qu'il puisse paraître, attachons-nous pour le moment, aux efforts plus immédiats et engageons hardiment les premiers pas dans la voie qui doit nous en rapprocher. En matière de colonisation, les débuts seuls sont difficiles. Faciliter ces débuts, créer des foyers, si petits qu'ils soient, dans nos principales possessions, ce sera un grand pas de fait. L'expansion coloniale, qui n'a été jusqu'à présent que l'expression d'un désir, d'un thème à éloquence facile, doit prendre un sens réel et pratique et devenir une œuvre tangible à laquelle tout français aura à cœur de participer.

La *Société d'Aide et de Protection aux Colons*, constituée en vertu d'une autorisation ministérielle en date du 23 décembre 1898 et d'un arrêté préfectoral du 31 décembre de la même année, fait connaître comme il suit ses intentions et ses projets pour l'emploi des fonds qui sont sollicités du Public sous diverses formes.

EXPOSÉ DU PROJET

La préoccupation première de la Société est d'envoyer dans nos colonies des Français (mariés de préférence), de toute honorabilité, qui exploiteront ou feront exploiter le sol.

Une colonie ne saurait être productive pour la Mère patrie qu'à cette condition essentielle. L'exploitation du sol, en effet, procure des ressources aux indigènes : ceux-ci peuvent, de ce fait, procéder par échanges ou autrement à l'achat de ce dont ils ont besoin ; le surplus des produits nécessaires à la colonie est exporté sur la Métropole.

La résultante de l'exploitation du sol est le développement de l'activité commerciale, industrielle et maritime.

Le premier groupe de colons sera composé, principalement, de personnes connaissant la culture ou en ayant des notions suffisantes, de deux employés de commerce et d'ouvriers de différents corps de métiers, forgerons, charpentiers, serruriers etc. ; tous les travaux et constructions nécessaires à l'exploitation devant être accomplis par les colons eux-mêmes.

La Société donne à ce premier groupe une maison et un hangar démontables, afin que, peu de jours après leur arrivée, nos colons soient chez eux, à l'abri des intempéries.

Le projet actuel consiste dans la formation de trois groupes de dix personnes chacun, qui seront échelonnés sur un périmètre de trois ou quatre lieues, de telle façon que chacun d'eux puisse prêter son concours au voisin en cas de nécessité.

Il est bien entendu que la main d'œuvre employée pour ces exploitations sera celle du pays : chaque colon, par exemple, aura besoin d'au moins cinq indigènes, d'où, au total 150 individus du pays occupés et auxquels le travail procurera un bien-être infiniment supérieur à l'existence médiocre qu'ils ont seule connue jusqu'à présent.

La Société n'envoie personne à l'aveuglette; mais choisit d'avance sa colonie et son terrain.

D'après une lettre reçue de M. le général Galliéni, elle a choisi pour son premier groupe une partie salubre de Madagascar, près de Vohemar, province d'Antalaha, se rapprochant le plus près possible du port de N'Goutsy. Ces points sont signalés comme propices à la culture, à l'élevage et même à l'exploitation forestière.

Pour le début, l'intention n'est pas de lancer nos colons dans les cultures d'attente, mais seulement dans celles qui se récoltent annuellement: de cette façon, nos colons pourront, à bref délai, se créer des ressources et rembourser plus promptement les avances qu'ils auront reçues de la Société, ce qui permettra à celle-ci de renouveler plus fréquemment des envois semblables de colons.

LES RESSOURCES

Pour mener à bien ce projet philanthropique entre tous, la Société a besoin d'une somme importante, qu'elle compte trouver par les moyens préconisés à l'article 8 de ses Statuts.

Bien que notre Société soit créée dans le département de la Seine-Inférieure, et que son siège soit au Havre, notre intention est de nous adresser aussi aux autres départements et de faire, par contre, participer tous les Français aux avantages de notre Société et à nos groupements.

Toute ville qui nous donnerait son concours par une souscription importante et qui aurait un colon à nous désigner, nous trouvera toujours prêts à le prendre dans un de nos groupements.

Il est entendu que toute personne désireuse d'aller aux colonies et jouissant d'un petit capital profitera des mêmes avantages.

Les anciens élèves de nos Écoles d'Agriculture sont assurés de notre concours le plus empressé.

Nous nous mettrons en rapports avec tous les

Gouverneurs et Résidents de nos colonies, et nous leur offrirons d'aider les sous-officiers et soldats désireux de rester dans la colonie au moment de leur libération et de leur accorder les mêmes avantages qu'aux colons partant de France.

Voilà, dans ses grands lignes, nos projets. Aidons-nous, c'est pour la France !

Nous avons voulu montrer qu'à côté des services extra-administratifs créés par l'État, l'initiative privée créait des œuvres destinées à faciliter le peuplement de nos colonies.

LA MAISON DE FAMILLE COLONIALE

Uune nouvelle œuvre de colonisation, la Maison de Famille coloniale, vient de tenir sa première réunion chez le comte d'Hunolstein. Elle a pour but d'aider à la petite colonisation en envoyant en Tunisie des familles pauvres de cultivateurs pour les initier aux travaux agricoles et en faire d'utiles auxiliaires aux grands propriétaires de la colonie.

ROLE DE LA PRESSE

Enfin, la presse métropoliaine de toute nuance et la presse des colonies doivent associer leurs efforts pour propager et appuyer un courant d'opinion générale en faveur des voies et moyens propres à assurer la mise en valeur de nos colonies, suivant le programme le mieux adapté à chaque région et dont la circulaire du général Galliéni est la nouvelle et la meilleure formule.

Jusqu'ici nos efforts se sont trop vaguement

éparpillés. Rassemblons nos forces. — L'adoption de ces modestes propositions paraît devoir contribuer à resserrer les liens de la métropole avec ses colonies et à faire de celle-ci une France d'outre-mer, un véritable prolongement de la Mère-patrie.

IMMIGRATION ÉTRANGÈRE

Outre les créoles de la Réunion, qui méritent des encouragements spéciaux, des indiens, des chinois, des cafres débarquent à Madagascar par chaque navire. Des mineurs du Sud-africain s'y rendent en même temps que des anglais, des américains, des allemands et autres étrangers dont l'immigration est *à surveiller*. On leur donnera peut-être des concessions à bas prix. Ne fera-t-on rien d'abord pour nos soldats qui auront servi dans notre possesion et qui voudront s'y fixer ? Puisqu'ils sont sur place, ils peuvent sans plus tarder *tenter fortune*. Pourquoi toujours ajourner ces tentatives ? Pourquoi ne pas *franciser* nos colonies où n'affluent que les *étrangers* ? C'était là l'objet de ma lettre aux ministres publiée le 30 novembre 1895.

PÉRIODE D'ATTENTE INDÉFINIE

Depuis 1871, depuis qu'après nos désastres la colonisation est devenue un *besoin social*, on nous répète « qu'une période d'attente s'impose ». C'est le conseil que donnait à la Chambre M. Hubbard le 25 janvier, au sujet des travaux du Tonkin.

Les travaux des français attendent et ceux des anglais, pour pénétrer partout, avancent chaque jour. Les projets de colonisation attendent et les colons français attendent et souffrent. Cette attente indéfinie se change en désespoir et l'on dénigre les colonies.

ENSE ET ARATRO

« Une colonie, a dit à la même date M. A. Rousseau, « alors Gouverneur général de l'Indo-Chine, se « développe avec d'autant plus de sûreté et de « rapidité qu'elle est mieux outillée au début. » Avec l'outillage, il lui faut l'ouvrier, le metteur en œuvre : l'outil ne va pas sans le bras qui l'utilise. Envoyons-lui les bras disponibles.

OPINION DE M. ROUSSEAU

« Il faut, dit encore M. Rousseau, faciliter nos « moyens d'expansion au dehors, car il y a en « France trop de forces, trop d'activités qui se per- « dent stérilement faute d'un champ d'action. » Ces affirmations émanant d'un ingénieur, d'un sénateur, d'un gouverneur général, d'un Sous-secrétaire d'Etat des colonies, sont d'autant plus à retenir qu'il ajoute en prévoyant la fin de l'ère des combats : « Nous tenterons de substituer la pioche au fusil. »

En Cochinchine, au début, 1600 soldats français seulement gardaient à eux seuls les 2 millions d'indigènes des provinces conquises, malgré les rebelles et un camp retranché de 15.000 soldats annamites à 14 kilomètres de Saïgon. C'est pourtant par ces hommes qu'a été construit le premier Bâtiment qui était un vaste hôpital.

OPINION DES ANGLAIS

Voici comment un journal anglais, *la Freepress de Singapour*, signalait le fait en 1861 : « Malgré « le voisinage de l'ennemi, les français ont réussi, la « pioche et la truelle d'une main, le sabre ou la ca-« rabine de l'autre, à bâtir des hôpitaux pour plu-« sieurs centaines de malades et à créer plusieurs « milles d'excellentes routes. »

Ces mêmes hommes ne sont-ils pas capables de créer des routes, des constructions et des plantations dans des colonies plus saines et moins torrides ? Ne sauraient-ils pas mettre en pratique la devise de Bugeaud : *Ense et aratro* à Madagascar, en Calédonie dans le haut bassin du Fleuve Rouge, en Afrique comme en Asie ?

PROCÉDÉS DE COLONISATION FRANÇAISE AU XVIIme SIÈCLE

Les projets de colonisation militaire ne datent pas d'aujourd'hui et ont eu précisément pour objectif Madagascar dont l'opinion publique demande la mise en valeur au profit de nos nationaux.

On se rappelle comment les ministres de Louis XIV favorisaient la colonisation : Dès 1684, la Compagnie française des Indes faisait publier et *afficher* partout, *à Paris* et *dans les provinces*, les avantages offerts aux français de toute classe qui voudraient aller coloniser *Madagascar*. Elle avançait les frais aux partants et en outre couvrait la dépense du voyage depuis le lieu de résidence jusqu'au lieu d'embarquement, à raison de trente livres par homme. Il n'y avait alors ni chemins de fer, ni vapeurs, ni télégraphes, ni postes, ni conserves de viande, ni canal de Suez, ni autres facilités modernes. La France démocratique est-elle donc plus arriérée ou moins soucieuse que la France monarchique du sort de ses enfants ? N'est-ce pas de nos jours et pour nous que l'empire colonial français a été reconstitué ?

PLAN DE COLONISATION POUR LES MILITAIRES

Quinze ans plus tard fut conçu un remarquable « Plan de colonisation pour les militaires » en vue de « *peupler et de développer en peu de temps nos colonies* », et principalement le Canada, la Louisiane et Saint-Domingue, si lamentablement abandonnés à d'autres.

Il s'agit d'abord de faire choix du pays à coloniser. Nous trouvons dans le projet d'excellentes indications qui sont encore et seront toujours vraies.

Nous devons ensuite nous préoccuper du choix des colons. On en trouverait parmi les *militaires libérables des troupes coloniales*. Ces troupes seraient formées de volontaires et surtout de *gens de métier et de cultivateurs*. Pendant les dix premières années l'Etat allouerait aux soldats colons une somme d 60.000 francs pour leur outillage.

Un tiers des bataillons serait occupé au service militaire, un tiers au défrichement, un tiers aux plantations.

Rappelons à cette occasion qu'en France la main d'œuvre militaire est accordée annuellement pour es travaux des champs, moissons, vendanges, gref fage et sulfatage des vignes etc. Le nombre des militaires mis à la disposition des cultivateurs pour les cultures et les vignobles est de 12 o/o pour l'infanterie et de 6 o/o pour la cavalerie, au maximum. On ferait de même aux colonies en considérant cette proportion non comme un maximum ; mais un *minimum*.

Enfin, nous avons à assurer à nos soldats coloniaux des avantages sérieux et spéciaux : « Nous admettons que 200 à 250 hommes travaillant seulement *20 ours par mois* et *8 heures par jour* auront défriché en un an 5500 hectares à la pioche d'abord, à la charrue ensuite. Ces 5500 hectares seront *à partager* entre les militaires libérés qui voudront rester dans la colonie, soit 22 hectares pour chacun des 250 défricheurs. Les militaires coloniaux ne seraient astreints à séjourner aux colonies que *cinq ans*. Ceux qui se fixeraient dans le pays continueraient à *toucher leur paie* pendant *cinq ans*. En dix ans, les villes doivent être formées et pourvues de gens de tout métier selon la peine et les soins que ceux qui seront chargés de l'administration s'en donneront, aidés de quelques *dépenses* de la Mère-patrie.

« Quant à la colonie elle-même, elle doit être, au bout de *quinze ans*, en état de se soutenir elle-même et formée de hameaux, villages, bourgs et villes.

L'auteur de ce plan estime que sur *six bataillons* de 250 hommes, soit 1500 hommes, il en resterait dans la colonie un tiers ou même la moitié après les premiers cinq ans de séjour exigés. Or, nous avons 10.000 hommes à Madagascar, autant au **Tonkin** et 1500 en Nouvelle-Calédonie.

MILITAIRES EN FAMILLE

« Non seulement les militaires coloniaux seraient autorisés à se marier; mais les familles des soldats mariés seraient embarquées avec eux et séjourneraient comme eux aux Colonies. Il y a en France plus de femmes que d'hommes, et elles ne trouvent pas toutes à se marier (1). Les soldats continuent pendant cinq ans à toucher leur paie de sept sous par jour. Il serait alloué aux femmes trois sous et la ration pendant ces cinq années de premier établissement. »

Dans les armées coloniales des Indes anglaises et des Indes néerlandaises, un grand nombre de militaires sont mariés. Des dispositions spéciales sont prises pour le logement des militaires mariés, pour leur installation et des avantages sérieux sont attribués aux familles.

Les officiers des armées coloniales ont presque tous une famille. Quant aux troupes indigènes, il y a bien peu d'hommes qui ne soient accompagnés de leur famille; mais nous ne nous occupons ici que des Européens.

Comme dans les services de la gendarmerie, de la douane, des forêts, de la garde républicaine, les militaires coloniaux auraient donc auprès d'eux leur famille. En supposant que sur les sept cent cinquante soldats libérés restant dans la colonie, il y en ait cinq cents ayant femme et quatre en-

---

(1) Voir: *Les Colonies et la Question sociale: Le rôle des femmes dans la colonisation.* — Challamel, éditeur, 1885.

fants, le nombre des membres des familles serait doublé tous les trente ans.

« Une colonie qui aurait été peuplée de 15.000 famille seulement en 1700, aurait eu 100.000 habitants en 1730; en 1850, elle aurait compté 1.600.000; en 1880 — 3.200.000; en 1910 — 6.400.000 et en 1970 vingt-cinq millions! »

« Ces habitants étant bien ménagés, pourraient peupler et remplir leur pays d'adoption d'un plus grand nombre de peuples qu'il n'y avait dans la vieille France, en moins de 250 années, sans grande dépense ni sans affaiblir la métropole en rien que ce soit, parceque, suivant cette supposition, les gens qui seraient employés à former et à développer les colonies seraient tous soldats, pris parmi ceux que l'État entretient dans la métrople et qui n'y ont pas de famille, parce qu'on ne leur permet pas de se marier. »

SECOURS MUTUELS DANS LA COLONISATION

Il est recommandé ensuite aux « Communautés, « ou groupes de colons français, de prêter un secours « mutuel aux habitants qui bâtiront des maisons, « ce secours consistant à voiturer le bois, la pierre, « les matériaux, en la place de celui qui voudrait « bâtir, ainsi que cela se pratique en Alsace, où « l'on ne saurait croire le bien que cela fait. »

Hélas! pauvres Alsaciens qui êtes aujourd'hui forcés d'appliquer vous-mêmes, sur des territoires lointains, les exemples que vous nous avez donnés, il y a deux cents ans, sur notre sol momentanément occupé par l'étranger!

Si encore, vous aviez toute facilité pour coloniser en terre française; mais pourquoi faut-il que ce soit en Australie et sur la terre étrangère!

Le plan que nous exposons, embrasse aussi les détails:

JARDINS ET PETITES CONCESSIONS

Dans les conseils donnés aux soldats colons, il faut qu'ils commencent d'abord par faire des jardins potagers, par essayer quelques cultures. Nous savons bien que partout dans nos colonies chaque poste a son jardin, le *jardin de la troupe*, auquel on affecte quelques jardiniers et quelques hommes de corvée. On vient de créer dans plusieurs villes un potager de quelques hectares pour la troupe et cet exemple se multipliera. Nous voudrions que dans chaque colonie des *réserves* soient sans tarder constituées près des centres de garnison et que le lotissement en soit fait parmi les soldats qui voudraient les cultiver et qui les *obtiendraient* ensuite en concession. C'est le meilleur moyen d'attacher les hommes au sol, au pays, de les engager à y rester.

En attendant, ces jardins améliorent l'ordinaire et sont une salutaire occupation et la meilleure préparation à la mise en valeur du sol colonial.

Dans ce plan général, rien n'est laissé au hasard et à l'imprévoyance: les conditions d'embarquement, de la traversée sur mer, du débarquement, sont étudiées avec la sollicitude d'un chef éclairé et dévoué à ses soldats. On y trouve un « état raisonné des provisions les plus nécessaires quand il s'agit de donner commencement à des colonies extérieures. » On indique d'une façon complète tout ce qui est nécessaire aux nouveaux colons. Tout est prévu d'avance.

Un long voyage sur mer, par voilier, était chose pénible à cet époque où le scorbut et autres maladies provenaient du défaut de vivres frais ou de conserves mal préparées, nauséabondes, du manque d'installation à bord, de la longueur du voyage, etc.

On voit que ce *plan de mobilisation coloniale* n'est pas une utopie. Le moment paraît venu de l'appliquer; mais ce serait rompre avec la routine, ce serait une innovation effrayante pour nos Administrations et pour les esprits étroits.

Et puis, il faudrait faire quelques dépenses. Nous avons bien 9 millions à dépenser par an pour les forçats et la colonisation pénale; mais pour nos colons libres, pour les soldats colons, voudra-t-on leur allouer seulement un million ?

VAUBAN COLONISATEUR

Peut-être trouvera-t-on ce projet ou trop audacieux ou trop naïf ? On croira peut-être qu'il émane d'un auteur étranger aux choses militaires, aux exigences de la discipline et de la guerre ? On sera vite détrompé quand j'en aurai cité l'auteur: c'est un ingénieur, commissaire général des fortifications, brigadier général des armées du roi, c'est *Vauban*. Il se reposait des fatigues de la guerre en s'occupant de projets d'utilité publique sur lesquels il a laissé 12 volumes in-fol. d'importants mémoires. C'est ce qu'il appelait si modestement « *mes oisivetés.* »

Celui que nous venons d'analyser a pour titre : « *Des moyens de rétablir et d'accroître en peu de temps nos colonies.* » Il est du 28 avril 1696 (1). Il faut croire que cette œuvre fut mieux goûtée que celle relative à la dîme; car Vauban fut fait Maréchal de France en 1703, quatre ans après la composition de son plan de colonisation. Cent ans après, le grand Carnot prononçait son éloge public.

Après la conquête de l'Algérie, le maréchal Bugeaud élabora également un plan détaillé de colonisation en faveur des militaires libérés. Il y a lieu de s'y reporter et d'en appliquer les principes.

SITUATION DE LA FRANCE EN 1699

A l'époque où fut rédigé le plan de Vauban, le traité de Ryswich semblait avoir assuré une paix durable. Nos frontières étaient bien défendues par la ceinture de fortifications dont le système a conservé le nom de l'auteur. Nos armées étaient victorieuses et bien organisées. Quoiqu'on ne vît pas, comme au temps présent, la population décroître dans une alarmante proportion, le roi décernait des primes aux familles chargées d'enfants. Des réductions de taxes leur étaient accordées et le père de douze enfants était exempté d'impôts. Rien ne faisait prévoir les revers de la fin du règne, les désastres du XVIIIe siècle, la perte de nos plus belles colonies sous Louis XV (1763) et la douloureuse séparation de l'Alsace-Lorraine un siècle plus tard.

---

(1) Imprimé en 1843.

La France avait une exubérance de force et de puissance qui commandait l'expansion. Les troupes s'étaient distinguées aux Indes, au Canada, à la Louisiane, aux Antilles, à Madagascar.

SITUATION DE LA FRANCE EN 1899

Cette situation et ce besoin d'expansion coloniale avaient frappé Vauban. Il semble que ce mémoire datant de 200 ans est écrit *d'hier*. Il a d'autant plus d'actualité, en l'an 1900, que la France, pour se relever de ses désastres, est devenue une nation armée, à l'état permanent, et que, d'autre part, nos industries, si florissantes avant la révocation de l'Edit de Nantes, n'ont plus aujourd'hui la prépondérance et manquent de débouchés.

LES MONOPOLES

Vauban admet à juste titre les *syndicats*, les associations coloniales ; mais il repousse avec énergie les *compagnies à charte* et les monopoles.

LES RELIGIEUX COLONS

Il recommande « de bannir les moines rentés *et la chicane* »; mais de maintenir les *moines mendiants*, qui sont des travailleurs.

Cette opinion du maréchal n'est-elle pas curieuse alors qu'un pressant appel avait été adressé, au début de l'occupation, aux trappistes de Staouëli pour les engager à entreprendre à Madagascar des travaux de colonisation ?

Certes, nous admirons l'œuvre algérienne de ces

moines et nous la considérons comme un salutaire exemple à imiter. Mais les trappistes qui ont aussi tenté la colonisation en Nouvelle-Calédonie y ont renoncé au bout de peu d'années. Il y a lieu de constater que ces sociétés religieuses ne travaillent que pour leur ordre. Les moines ne font pas souche de français, ne peuplent pas et ne développent pas un pays malgré tout le bien qu'ils peuvent y faire.

Mieux vaut donc des colons libres et des familles, à une époque où la natalité décroît de façon à compromettre l'avenir de la race. La proportion d'accroissement prévue par Vauban ne serait plus exacte aujourd'hui où trop de ménages dérobent à la patrie son patrimoine naturel et privent la métropole de ses enfants, en tarissant les sources de la vie.

Aux colonies au contraire, les conventions sociales et pécuniaires ne sont plus les mêmes. Ce n'est pas le règne de Saturne dévorant sa progéniture ; c'est le règne de Cybèle qui nourrit ses enfants, de Cérès et de Bacchus qui les enrichissent et les réjouissent en leur donnant le blé, le café et la vigne...

MAIN D'ŒUVRE ET CONDAMNÉS MILITAIRES

Le premier besoin et la première difficulté qu'éprouvent les colons, c'est de se procurer la main-d'œuvre.

En Algérie, au début, les trappistes et les colons ont été aidés pour leurs constructions et leurs défrichements par des escouades de *condamnés militaires*. Il y a lieu d'appliquer encore ce système en faveur de tous ceux, militaires et civils, qui veulent entreprendre des plantations.

RÔLE DE LA FEMME FRANÇAISE DANS LA COLONISATION

Un de nos plus érudits et laborieux collègues a retracé le rôle des femmes en *géographie* et a fait le panégyrique si remarquable des *voyageuses* (1).

Pour compléter ce tableau et rendre cette étude plus profitable encore à notre pays, il nous reste à examiner sommairement quel est le rôle des *femmes françaises* dans la *colonisation* des pays découverts par nos exploratrices et nos explorateurs. (2)

La famille, les femmes sont pour le colonisateur sa consolation et son espérance au départ, son encouragement dans les âpres difficultés de sa tâche, sa joie dans la réussite de ses projets. Elles associent leur âme à ses travaux matériels et à ses recherches. Elles sont souvent son compagnon persévérant, comme la femme de Dupleix, la *Bégum Johanna*, dont le nom est resté populaire dans l'Inde, fut son plus ferme et son plus remarquable soutien dans la prospérité et surtout dans l'adversité.

« Rappelons, a dit un ministre des colonies, que dans le Coran il n'est pas question seulement du paradis de Mahomet dont les charmes sont si célèbres ; mais qu'un précepte profondément vrai, contenu dans ce livre, est celui-ci : « Le paradis est aux pieds des mères. » Ce sont elles, les mères françaises, à qui la France devra les colons de demain ; je souhaite qu'elles leur donnent les qualités

---

(1) Feu J. V. Barbier, de Nancy.

(2) Ch. Lemire, 1894, Congrès de Lyon.

d'endurance et de tenacité qui en feront des soldats victorieux dans les luttes de l'avenir. (3)

La femme est l'indispensable auxiliaire de la colonisation comme épouse et comme mère. L'avenir des enfants en est, en effet, le plus souvent le mobile et le but le plus noble et le plus sage.

« C'est l'homme, dit le proverbe provençal déjà cité, qui apporte les pierres ; mais c'est la femme qui édifie la maison. » Voilà pourquoi la femme a dans cette œuvre de colonisation une part si large qui en assure le développement. Coloniser un pays, c'est le civiliser, et il n'y a ni colonisation ni civilisation sans la famille.

C'est elle qui rend l'entreprise du colon durable et la perpétue après lui. Sa femme et ses enfants entretiennent ou raniment la bonne humeur dans la maison et dans les relations; car « avec la bonne humeur, dit Tœpffer, on ne rencontre que de bonnes gens. »

Nos femmes, nos filles ne sont-elles pas aussi bien douées que les femmes des nations voisines, pour participer à la colonisation ? Nos françaises ont, aussi bien et mieux que les étrangères, les ressources de l'esprit, l'énergie morale, la force d'âme, la vigueur physique indispensable aux entreprises et à la vie coloniales. Les difficultés développent leur fermeté de caractère. Elles ont ce sentiment qui s'enflamme aux grands spectacles des océans, de la terre, du ciel, de toute la nature. Les femmes les plus faibles ne craignent pas de brûler leur teint au soleil et de se mouiller par la pluie ou les embruns

---

(3) A. Lebon, 1898.

de mer. L'inconnu ne leur fait pas peur et les attire. Dans l'aménagement de notre domaine colonial le danger n'existe plus et elles sont prêtes à l'affronter.

Les preuves des aptitudes de la femme française, nous les avons sous les yeux : en Cochinchine, le voisinage de Singapour a fait que des familles étrangères s'y sont implantées à côté des nôtres. Au Tonkin, presque toutes les familles sont françaises et elles sont nombreuses. Les femmes qui ont vécu dans ce pays se sont prises à l'aimer et n'en ont dit que du bien. Elles en sont le charme, l'ornement et elles en faisaient une colonie à jamais française alors qu'en France on avait encore des doutes sur sa possession définitive.

Nombreuses sont celles qui ont parcouru et admiré ce pays où l'on trouve des Françaises jusque dans les localités les plus éloignées et les plus isolées.

Il en est de même en Nouvelle-Calédonie où toute ferme a sa maîtresse de maison.

LES « FILLES DU ROI » AU CANADA

Qui a fait le Canada ? La femme Française.

On sait ce qu'étaient « les filles du roi ».

C'étaient des filles d'officiers morts au service. Le roi adoptait ces orphelines, leur faisait donner une forte instruction et une complète éducation. Il en envoya un grand nombre au Canada. Elles épousèrent leurs compatriotes colons, commerçants cultivateurs. Elles apportèrent dans la famille de ces hommes robustes et habitués à de durs labeurs, le charme et la douceur, les bienfaits de la femme instruite. Elles en firent surtout profiter leurs enfants. Elles conservèrent intactes au foyer familial les traditions de la patrie d'origine et les coutumes du pays natal. Elles formèrent ainsi les vaillantes, les intelligentes et fortes générations qui résistèrent à l'invasion, à l'exil, à la séparation, aux violences et aux misères de toute sorte, en Acadie surtout.

LES CANADIENS FRANÇAIS

C'est grâce à elles que ce petit peuple de français de la Nouvelle France, réduit à 60,000 âmes après l'annexion et ses horribles suites, compte aujourd'hui au Canada et aux Etats-Unis deux millions et demi de Canadiens français. Ils ont conservé notre langue et nos usages et un si vivace souvenir de la Mère patrie, après 150 ans de domination anglaise, que ce sentiment nous est ainsi retracé dans un poème Canadien.

Un père se trouve avec son fils devant un drapeau anglais et lui parlant des faits glorieux que rappelle ce drapeau, il l'engage à se découvrir avec respect et fierté.

Le fils lui répond :

Mais, Père, pardonnez si j'ose.
N'en est-il pas un autre à nous?
Ah! celui-là, c'est autre chose :
Il faut le baiser à genoux!

Voilà le rôle de la femme dans la colonisation, le rôle de la mère de famille. Les français au Canada ont été de remarquables colonisateurs. Si l'Etat faisait aujourd'hui pour les colons ce que

Colbert et le roi Soleil firent pour le Canada, le génie de notre race retrouverait toutes ses qualités et personne n'oserait plus dire que le français n'est pas colonisateur.

Qu'on lui montre le drapeau et un cœur de soldat battra en sa poitrine.

Qu'on lui donne une terre à mettre en valeur, avec l'aide d'indigènes dont il savait se faire aimer, et ses qualités natives de colonisateur se révéleront de nouveau sur les territoires de Nouvelles Frances.

ORPHELINATS ET ÉCOLES

Dans toutes nos colonies et dans les pays étrangers les plus lointains, des Françaises se dévouent pour aller secourir les indigènes, fonder des orphelinats, des écoles de garçons et de filles, desservir les hôpitaux. Demandez à nos braves soldats, malades ou blessés, de quels soins délicats ils ont été entourés par les religieuses de tout ordre qui veillaient à leur chevet, exposées comme eux à tous les dangers du climat. Depuis 1894 des femmes françaises, des Sœurs blanches, se sont, pour la première fois, rendues en Afrique, sur le Tanganika, pour travailler avec les Pères blancs à la colonisation de ces régions esclavagistes où se commettent tant d'atrocités contre les indigènes qu'on veut civiliser. A côté du marchand d'esclaves, du traitant qui leur vend de la poudre et des fusils, nous voyons apparaître la femme qui sauvera en partie ces malheureux indigènes.

Le rôle des écoles françaises dans le Levant

n'a-t-il pas pour effet d'y conserver notre influence séculaire? Le musulman comme l'Européen ont en vénération ces femmes dévouées. Ce n'est pas à moi seul à leur rendre hommage. Des voix plus autisées louent et encouragent leurs efforts.

LES FAMILLES DE COLONS

C'est l'*Alliance française* qui contribue à soutenir l'œuvre de propagande de notre langue au dehors, et c'est son Secrétaire général, M. Foncin, qui a le premier, en ouvrant le congrès géographique de Bordeaux, en 1882, retracé de main de maître le rôle des femmes et des mères françaises dans la colonisation. Relisez cette page admirable et vous serez convaincus.

L'administration indo-chinoise a eu, dès le début, la sagesse de fonder au Tonkin des écoles pour les filles françaises et indigènes. A côté des orphelinats religieux dont j'ai parlé, et au dessus d'eux, ces établissements ouvrent le cœur et l'esprit des jeunes Annamites à l'instruction et à l'éducation données par des femmes françaises. On ne peut que rendre à ces femmes, portant partout la douce parole, l'hommage qu'elles méritent.

Je serais injuste et ingrat si je ne signalais ici la bienfaisante action des sociétés puissantes de femmes, l'Association des dames françaises et l'Union des femmes de France, qui envoient dans nos colonies, à nos soldats, des livres, du papier pour écrire à leurs familles, du vin pour les malades, du linge et mille objets qui sont accueillis comme un don fraternel de la Mère patrie. Ces œuvres ont eu pour effet de créer entre les Français du Tonkin, du Dahomey, de Diégo-Suarez, de Madagascar, du Sénégal, de toutes nos colonies, et entre les dames françaises de ces nombreux comités, des relations qui ont resserré le lien entre la métropole et ses possessions lointaines. C'est là une œuvre patriotique et pratique des plus méritoires. C'est ainsi que, sans quitter le sol natal, ces Françaises contribuent grandement à la colonisation des pays où flotte le pavillon de la France.

Qui n'a connu au Tonkin Mme de Berre? Elle fit partie de l'expédition de Jean Dupuis dans le haut fleuve Rouge et se fixa à Hanoï où on l'appelait « la mère des Français ».

En Australie, en 1840, mistress Chisholm, femme d'un officier anglais, avait placé elle-même plus de 11.000 jeunes filles dans des ménages européens. Les jeunes filles françaises n'émigrent pas, grâce à Dieu, dans de semblables proportions. Mais on peut en citer un certain nombre qui sont allées en Indo-Chine rejoindre leur fiancé et se marier.

LES FAMILLES DE COLONS

La colonisation d'un pays n'est durable et n'a de vitalité que si les familles s'y établissent. Il est indispensable que les femmes et les enfants y suivent le père de famille. Les jeunes filles ne craignent nullement de s'y rendre, avec leurs proches, et nous avons eu des exemples nombreux, à Paris même et en France, de mariages contractés à la veille et en vue de se rendre aux colonies. C'est là une éducation nouvelle, un « esprit nouveau », dont il faut se féliciter et qu'il faut encourager.

En faisant de la colonie d'adoption son *home*, son chez-soi, au moins temporaire, il semble qu'on n'a pas quitté la patrie, car si

> ... l'on ne peut pas vivre sans pain,
> On ne peut pas non plus vivre sans la patrie,

comme l'a dit Victor Hugo.

Or, lorsque la femme suit son mari, la famille coloniale conserve des liens étroits avec ses parents, ses amis, ses relations dans la métropole. J'ai toujours vu, en effet, que lorsqu'une famille française se trouvait installée dans de bonnes conditions dans une colonie, elle écrivait à ses proches : « Venez donc nous rejoindre. » Et c'est ainsi que se formaient de véritables tribus, au plus grand avantage de la France ; c'est ainsi qu'au lieu de déserter à l'étranger, les travailleurs et les capitaux français trouveront, sur un sol français, un meilleur emploi et une rémunération plus grande.

Les difficultés du transport et du voyage étaient autrefois un obstacle pour y amener une famille. Presque toutes nos colonies sont maintenant reliées à la métropole par d'excellents paquebots qui ont la régularité des chemins de fer, par les télégraphes, par des services fluviaux comme ceux de la Cochinchine et du Tonkin.

La femme française, soucieuse de l'avenir des siens, ne saurait donc se confiner, s'isoler dans les étroites limites de son clocher. Elle est entrée résolument dans ce mouvement d'expansion coloniale qui lui assure une vie plus large et plus facile et qui ouvre des carrières à ses enfants. Elle accepte sans hésiter le rôle qui lui revient dans la colonisation. C'est là un résultat qui ira en se développant et qu'il était utile de constater, à l'honneur de la femme française, pour le plus grand bien des colonies et de la Mère patrie.

CONCLUSIONS ACTUELLES DU PLAN DE VAUBAN

Revenons aux conclusions du plan de Vauban. Il conseillait aux soldats colons d'imiter le système de mutualité pratiqué par les Alsaciens-Lorrains pour les travaux d'exploitation nouvelle.

Que penserait-il s'il voyait aujourd'hui l'Alsace et la Lorraine retombées aux mains de nos envahisseurs, les habitants opprimés et chassés de leur pays, servant au dehors comme soldats de France qui ne leur réservait pas dans ses colonies une nouvelle patrie !

Que penserait-il en voyant créer, après 19 ans d'ajournement, l'indispensable *armée coloniale* sans que les soldats qui en font partie puissent espérer s'établir avec leurs familles sur les territoires qu'ils auraient conquis ou pacifiés !

Toute la stratégie de Vauban et de Carnot suffirait-elle à faire le siège d'un formaliste plus arriéré qu'en 1699, au temps des Colbert, des Seignelay, des Dupleix, des Labourdonnais, des Montcalm et de tous les promoteurs ou les défenseurs de la puissance coloniale de la France !

RESSOURCES NÉCESSAIRES

Evidemment on ne saurait coloniser avec des invalides, des fainéants, des vagabonds, des mendiants et encore moins avec des malfaiteurs. La colonisation ne peut pas non plus réussir avec des gens *sans ressources*.

Or quel est le problème à résoudre ? D'une part les colonies *offrent les terres disponibles* et sans maîtres, un sol riche restant en friche.

Nos nationaux *offrent les bras*, l'instrument nécessaire pour mettre le sol en valeur.

C'est à la métropole et surtout aux colonies elles-mêmes que revient ce soin d'aider ces forces vives en quête d'emploi, de leur donner les premiers subsides, *les premières avances* d'établissement remboursables à long terme.

Aux criminels qui essaient de devenir colons on accorde une maison, des champs défrichés, des semences, des bêtes de labour, des ustensiles et la ration de vivres pendant de longs mois. Les forçats nous ont coûté depuis vingt ans 200 millions.

Nous donnons des avances remboursables aux villages indo-chinois.

Ne pouvons-nous, comme le proposait Vauban, donner à nos soldats libérables ou libérés aux colonies *cinq ans de solde* à dater de leur libération ? Ne pouvons-nous leur donner les mêmes facilités qu'aux criminels, c'est-à-dire, avec les champs défrichés par les prisonniers, des semences, des outils, et la ration ?

CONCESSIONS MILITAIRES EN NOUVELLE-CALÉDONIE

L'Administration de la Nouvelle-Calédonie a pris depuis longtemps des arrêtés accordant aux soldats congédiés dans la colonie et possédant les ressources nécessaires, c'est-à-dire 2 à 3,000 fr., les mêmes concessions qu'aux colons civils, soit 10 hectares de terre, dont 5 destinés à la culture du café et pouvant donner en dix ans un revenu de 8 à 10,000 fr.

Vingt-et-un soldats avaient demandé à bénéficier de ces avantages en novembre 1895 et huit d'entre eux étaient déjà installés sur leurs lots de terrains où ils cultivaient le café. Un tiers des terres disponibles est réservé à ces militaires.

CONCESSIONS AUX FONCTIONNAIRES

De même des concessions ont été offertes aux fonctionnaires en résidence dans la colonie et leur sont délivrées cinq ans avant l'époque où ils quittent le service.

Il faut en finir avec ce préjugé que nos fonctionnaires ne peuvent faire valoir, en bons pères de famille, leurs économies et leurs ressources dans les colonies où ils servent. Tous les fonctionnaires anglais ont des intérêts dans les colonies qu'ils habitent. Il doit en être de même dans nos possessions. Si notre domaine colonial reste stérile, qu'allons-nous faire dans cette galère ?

On trouvera aux annexes, les arrêtés concernants ces concessions.

MESURES A PRENDRE

Les ministres de la Guerre et de la Marine ont fait déjà un appel platonique aux militaires *congédiés* qui voudraient prendre leur retraite aux colonies et leur ont promis des avantages spéciaux ; mais ces militaires n'ont été ni aidés, ni dirigés. On les *décourageait* d'avance. Le ministre des Colonies chargé de la mise en valeur de nos possessions est le Protecteur et tuteur légal des militaires non pas congédiés mais libérables, qui désirent s'installer dans nos possessions. C'est à lui à édicter les mesures pratiques propres à leur faciliter cette installation partout où flotte notre pavillon.

Des conditions de faveur doivent surtout être faites aux militaires mariés ou qui se marient dans la colonie. Ils feront souche de colons français dans leur pays d'adoption.

Un grand nombre de jeunes gens demanderaient à servir dans les colonies si l'on n'y était astreint qu'à un an de service. Ce serait là une pépinière excellente.

EN TUNISIE

Afin d'encourager, de concert avec le Gouvernement général, l'œuvre de la *petite colonisation française* en Tunisie, un comité a été tout récemment fondé à Tunis sous le nom de « *Comité du peuplement français* ». Il a remis à la résidence générale pour être transmis au ministre des affaires étrangères, le vœu que tous les *soldats* de la division d'occupation de Tunisie bénéficient de l'exemption de deux années de service militaire à la condition de s'engager à rester dix ans en Tunisie, et de justifier qu'ils ont trouvé un emploi ou une occupation, ou qu'ils disposent des ressources nécessaires pour s'établir comme colons.

Cette pétition suggère, en terminant, que l'établissement de nombreux Français fournirait des réservistes et des territoriaux, élément qui manque encore à la Tunisie et qui est indispensable pour garder le pays en cas de guerre et pour prévenir toute agitation chez nos sujets indigènes.

Le Gouvernement italien a subventionné, à peine secrètement, — juste assez pour qu'on n'en puisse pas donner la preuve officielle, — mais largement, deux Compagnies de colonisation qui ont acheté de la terre, l'ont partagée à des immigrants, et leur ont fait toutes les avances nécessaires. Nous en sommes aujourd'hui, à plus de *cent mille* Italiens établis en Tunisie, et, de la Sicile sur Tunis, le flot coule toujours, tandis qu'il n'y a pas 20,000 Français, dont la moitié se compose des fonctionnaires et de leurs familles. Dans les campagnes, on ne trouve guère que 2.000 Français, tandis que les Italiens qui s'y étaient peu portés jusqu'ici, commence à se multiplier, surtout les paysans siciliens. De 1891 à 1899, le nombre des viticulteurs italiens s'est élevé de 80 à 300. Ces sociétés italiennes ont acheté 6,000 hectares de terrain, sur lesquels elles installeront 4 à 500 familles nouvelles.

Des propriétaires français ont même commis la faute d'établir des fermiers italiens avec l'illusion de les franciser.

Il faudrait au contraire, — et notre avenir en

dépend, — introduire dans la Régence des milliers de colons français, car la domination politique appartient naturellement à la race qui cultive le sol Ce qui convient à la Tunisie, ce sont les familles de paysans avec plusieurs enfants capables de travailler, qui ont peine à vivre en France sur un maigre lopin de terre. Comme métayers dans les grandes fermes créées en Tunisie par les capitalistes, ou comme propriétaires, s'ils ont quelques milliers de francs pour s'établir eux-mêmes, ces petits cultivateurs arriveront en peu d'années à une réelle aisance, qu'ils ne pouvaient espérer dans la métropole.

Une exploitation pourvue des constructions et du matériel nécessaires, et comprenant 50 hectares dont 10 plantés en vignes, le reste en céréales, avec du bétail, revient au propriétaire à 30,000 francs et lui rapporte de 6 à 15 0 0, tandis que le métayer peut économiser un millier de francs par an après avoir largement vécu. C'est dans de telles conditions que M. Saurin a réussi à établir une dizaine de fermes et qu'il détient avec quelques amis les terrains nécessaires pour en créer encore autant. Les capitaux français étant ceux qui possèdent de beaucoup le plus de terres en Tunisie (près de 500,000 hectares), il est donc à désirer, dans l'intérêt général, que nos compatriotes y forment bientôt une puissante race de laborieux colons (1).

CONCLUSIONS

Nous avons vu à l'œuvre les soldats coloniaux;

---

(1) Jules Saurin.

quel meilleur élément de colonisation peut-on souhaiter ?

Ils sont robustes, honnêtes, travailleurs, industrieux, disciplinés. Leur séjour au corps les a acclimatés et leur a fait connaître et aimer le pays. Ils s'y fixent en connaissance de cause. La métropole économise les frais de leur rapatriement. Elle trouve en eux à l'heure du danger les *défenseurs attitrés*, les milices éprouvées et solides, qui maintiendront, sans dépense, la sécurité ou la rétabliront.

La France peut espérer faire avec ses soldats, cultivateurs ou artisans, dans des pays riches et fertiles comme nos possessions de l'Indo-Chine, de l'Océanie, de Madagascar, ce que la Russie fait dans les territoires de Sibérie, sous un rude climat, avec des Cosaques de la Transbaïkalie.

Si le Parlement examine les projets proposés par les députés et sénateurs que nous avons cités, il reconnaîtra qu'ils offrent, dans leur mise en pratique, des difficultés préalables.

Nous demandons, au contraire, que des *concessions de terre* soient réservées dans nos colonies de peuplement *aux militaires coloniaux* libérables qui y servent et qui veulent s'y fixer ; que l'État et surtout la colonie leur accordent les *modiques ressources* nécessaires pour s'y établir avec leurs familles.

En le faisant, on peuplera nos colonies d'un élément de choix, d'honnêtes travailleurs ; on mettra en valeur notre domaine colonial ; la métropole et la colonie retireront un profit certain de leurs avances. Enfin on reconnaîtra ainsi sur place les services rendus par nos braves troupiers coloniaux qui ont combattu pour la France, qui lui ont assuré au prix de leurs sueurs et de leur sang, un superbe domaine colonial, et qui ont porté au loin dans les pays nouveaux son glorieux pavillon.

Ces soldats ont été à la peine et à l'honneur, n'est-il pas juste qu'ils soient au profit ? Terminons donc par cet appel patriotique et ce conseil pratique de M. L. Brunet, le sympathique député de la Réunion, au sujet de la colonisation et de la défense de Madagascar :

« Place, dit-il, aux soldats expéditionnaires, « place aux Alsaciens-Lorrains prêts à tous les « sacrifices, même à tous les exils, pourvu qu'ils « travaillent et puissent vivre à l'abri du drapeau « de France! Place à toutes les bonnes volontés, à « tous les courages! Voilà ce qu'il faut. »

« Le gouvernement, loin de fermer les portes de « notre colonie, doit les ouvrir toutes grandes et « permettre l'accès et l'établissement dans le pays « à tous les Français de partout, qui veulent y « venir. »

Dès le début, un crédit de 270.000 francs a été affecté à une magistrature aussi luxueuse que prématurée. Mais on a bientôt compris qu'il fallait d'abord doter la colonie *d'arpenteurs* qui lèvent, allotissent et répartissent les terres disponibles. Ce fut surtout, dans les cercles, des officiers qui prirent part, avec le plus louable dévouement, à cette œuvre si patriotique et si utile. Les *bras* ne se firent pas attendre et bientôt la « Nouvelle France orientale » sera peuplée de bons français.

DEUXIÈME PARTIE

DEUXIÈME PARTIE

LE ROLE DES MUNICIPALITÉS ET DE LA VILLE DE PARIS

« La *question coloniale*, disait le marquis de Vogüé, en mars 1895, est un corollaire de la *question sociale*; celle-ci se résoudra en partie par celle-là. »

Qu'est-ce à nos yeux que le socialisme, si ce n'est l'application de toutes les mesures économiques propres à améliorer notre état social actuel?

Quelle que soit la situation de l'individu, du citoyen, nous sommes tous solidaires dans la société dont nous sommes les membres.

Au milieu du mouvement qui entraîne nos sociétés modernes, nul de nous n'a le droit de demeurer immobile, indifférent ou inerte. Aussi, la question sociale préoccupe-t-elle toutes les assemblées électives, à commencer par les *Conseils municipaux*. La municipalité parisienne compte dans son sein un grand nombre d'élus que ces questions passionnent et qui en cherchent avec ardeur les meilleures solutions.

Un grand nombre de municipalités provinciales se livrent aux mêmes aspirations.

Si l'une des solutions à chercher doit se trouver dans la colonisation, il en résulte que la question *coloniale* doit préoccuper les municipalités au même titre que la question *sociale*.

La municipalité de la capitale ne saurait donc se désintéresser de ces études et son but doit être d'en rechercher les applications pratiques.

Pour atteindre ce but, elle doit agir de concert avec les pouvoirs publics. C'est aux municipalités et non au Gouvernement que s'adressent, de préférence, les administrés, les candidats-colons. C'est donc aux municipalités à stimuler l'inertie des administrations, à s'entendre avec les services compétents pour obtenir satisfaction au nom de leurs ressortissants.

Plusieurs conseillers désirent créer à l'Hôtel de Ville une Commission du travail, « un véritable *Ministère municipal du travail* » dit M. A. Grébauval.

Pendant la période de conquête, l'expansion coloniale a servi de tremplin politique entre les partis. Aujourd'hui des acquisitions de grande valeur ont été faites au sujet desquelles il n'y a plus lieu à discussion.

Nous avons des champs en friches.

Nous avons des bras pour les exploiter.

Laisserons-nous le champ abandonné ?

Laisserons-nous les bras sans travail ?

Laisserons-nous l'outil sans l'ouvrier ?

Si oui, abandonnons nos colonies et vendons-les à nos rivaux qui les convoitent.

Nous avons enfin créé un Ministère des Colonies!

Quand sera-t-il un Ministère de Colonisation, d'immigration française?

Il y a déjà eu, en quatre ans, près d'une dizaine de ministres des Colonies (1).

Nos ministres semblent n'être que des parlementaires en mission renouvelable, par semestre. Seulement, on ne la renouvelle que trop rarement. Aussi avons-nous eu autant de réorganisations que de ministres.

En outre, par ce temps de graves conflits extérieurs, le ministre des Colonies était absorbé par des préoccupations politiques, par des litiges internationaux qui se règlent de concert avec le Département des Affaires étrangères.

Lorsqu'il défendait son champ, il ne pouvait le cultiver.

Néanmoins M. Félix Faure, M. Etienne, M. Delcassé avaient institué une Exposition permanente des Colonies, un centre d'études coloniales sous forme de bibliothèque, de bulletin, enfin un service de renseignements coloniaux.

Les résultats n'ont pas répondu à l'attente générale.

Ce n'est pas ici le lieu d'en rechercher les causes.

Le fait est que le Sénat ayant, en 1896, supprimé en partie les crédits, les services ont dû être supprimés; puis rétablis incomplètement sous le titre d'Office colonial.

---

(1) MM. Boulanger, Delcassé, Chautemps, Guiyesse, A. Lebon, Guillain, Decrais.

Or, pendant que les partis se livraient bataille au détriment des colonies, pendant que les Secrétaires d'État aux colonies tentaient de louables mais inconstants efforts, pour faire connaître nos colonies, la Ville de Paris tenait à honneur de recevoir et de fêter les plus illustres explorateurs français et étrangers. Elle faisait frapper des médailles en leur nom et proclamait la gloire de leurs actes, découvertes, missions ou œuvres de pénétration.

Elle créait dans les arrondissements des cours libres de géographie économique.

Elle appelait dans les mairies les voyageurs les plus renommés et un auditoire d'élite se pressait pour les entendre et les applaudir.

Ces conférences municipales sont à développer dans tous les arrondissements.

Une notice officielle dit que « le centre d'études établi au Palais de l'Industrie était un des établissements scientifiques les plus appréciés de la capitale ».

Du moment où c'est imprimé, nous voulons bien le croire. Mais le fait est que cet établissement était trop peu fréquenté pour cette simple raison qu'il était presque toujours fermé.

L'idée était-elle mauvaise? Certes non, mais elle était mal comprise.

On ignorait l'existence de ce centre, qui a manqué de vitalité propre.

La Ville de Paris n'est-elle pas outillée pour donner à cette institution reconstituée cette vitalité qui lui manquait?

Paris est-il incapable de faire ce qui s'est fait avec succès à Londres, Berlin, Hambourg, Amsterdam, Harlem, Tervueren, etc.

La Ville ne pourrait-elle pas participer aux installations de l'Office colonial, avec musée, bibliothèque, conférences, bulletins, qu'elle encouragerait et que dirigerait le Département des Colonies ? La Ville ne doit-elle pas être représentée dans le Comité consultatif d'agriculture, commerce et industrie qui comprend les délégués des Colonies, des Chambres de commerce, etc.

Ce comité a exprimé le vœu de voir adjoindre au futur *musée colonial* de Paris des galeries spéciales à l'Algérie et à la Tunisie.

Ce serait en même temps, un *musée commercial*. « On réunirait ainsi dans un même établissement, « l'ensemble des ressources, que présente le do- « maine extérieur de la France. »

Une revue coloniale populaire serait l'organe officiel de cette institution.

Cette lacune est d'autant plus frappante pour la Ville de Paris, que l'on constate chaque jour les avantages qui résultent des musées commerciaux de Bruxelles, de Buda-Pesth, d'Allemagne, depuis près de 15 ans; aussi le ministre du Commerce a-t-il fondé (1) un établissement analogue sous le nom d'*Office du Commerce français extérieur*, qui a constitué parmi ses membres un groupe colonial.

Ni le ministère de la rue de Grenelle, ni celui du

---

(1) 2, rue Feydeau.

quai d'Orsay, ni celui du Pavillon de Flore, ni la Chambre de commerce, n'ont la place nécessaire pour donner l'unité et la facilité d'accès à ce genre d'établissement.

A Bruxelles seulement, la moyenne des renseignements donnés est, par mois, de 4 mille.

A Harlem, le musée colonial est administré par un conseil composé des chefs des grandes maisons de commerce.

Ils versent même 100 francs de cotisation *mensuelle* que nous ne voudrions pas demander aux membres du Comité consultatif du futur musée colonial français.

Les notices avec photographies et les collections de produits sont répandues gratuitement partout, même dans *les écoles*. Ainsi pénètre dans le public la connaissance des Colonies.

Le musée hollandais se contente de 13.000 francs de budget, et il donne de bons résultats.

Le nôtre avait 60.000 francs de budget, mais il n'a pas pu vivre, sans doute parce que sur ces 60.000 francs, il y en avait 45.000 absorbés par le personnel. La contribution des Colonies est de 20.500 francs, par an. Cela ne suffit-il pas ? Il y a en outre un fonds disponible.

Il fallut donc en revenir à la création d'un « Office colonial et ensuite d'un musée » qui seraient, suivant le rapport de M. Etienne, « un centre d'instruction et d'informations coloniales » un moyen de propagande pratique, un lien entre les commerçants de la capitale et ceux des Colonies, entre le colon, le commerçant et l'administrateur, les consuls, le Département.

Nous sommes très en retard sous ce rapport, alors que, depuis 20 ans, notre domaine colonial est passé de 5 millions à 40 millions de sujets ou de protégés français et que nos territoires acquis sont devenus *huit fois grands* comme la France continentale.

La mise en valeur est restée bien au-dessous de la proportion d'accroissement en habitants, en superficie, en dépenses et en personnel.

Il est temps de s'en préoccuper et d'aménager ce domaine, de le peupler, de l'exploiter.

Les Congrès de géographie ont émis depuis douze ans des vœux pressants pour la diffusion des renseignements coloniaux.

On a proposé de les répandre partout en créant un Bureau de renseignements dans les *préfectures*. Mais le Français craint l'immixtion administrative dans ses affaires. Il n'aime pas qu'on contrôle ses projets.

Les bureaux des préfectures ne sont pas assez accessibles aux masses et surtout aux habitants des campagnes.

D'autre part, quel est le chef de bureau qui se fera le propagateur convaincu de ces renseignements délicats?

Nous pensons donc que c'est dans les *mairies* qu'on doit répandre ces renseignements, dans les écoles, dans les *syndicats d'ouvriers*. Or, Paris a vingt mairies, de nombreuses écoles, une Bourse du travail, des éléments de propagande de toute sorte. Si la Municipalité le veut, elle peut exercer une action bien plus directe et plus effective simultanément avec le Département des colonies.

L'établissement à créer a une importance métropolitaine aussi bien que coloniale. C'est un lien entre Paris et la France d'outre-mer.

L'Etat et la Ville ne manqueront pas en 1901 de locaux qui pourront être affectés à ce nouvel établissement d'intérêt public. Les Chambres ne refuseraient pas les crédits nécessaires à leur installation, à frais communs. »

Mieux vaut une dépense productive que l'entretien de locaux déserts ou délabrés, ce qui est une perte sèche et fait une tache au milieu du Paris de 1900.

Aussi les étrangers prétendent-ils que nous ne sommes pas colonisateurs. « Le peuple français, dit M. de Lanessan, a le génie de la colonisation; mais nos gouvernants, malgré leurs multiples déclarations, semblent en être dépourvus. »

Il est grand temps de donner satisfaction à l'opinion publique, qui demande des mesures pratiques pour le peuplement et la mise en valeur de nos colonies.

Ces mesures, nous les avons exposées antérieurement dans des conférences à Paris, en province et dans des publications (1).

Nous avons vu récemment des adversaires ardents de l'expansion coloniale, comme MM. Rochefort, Gérault-Richard et autres, proposer aux Pou-

---

(1) Voir à la fin la liste des ouvrages publiés.

voirs publics de donner des concessions de terres aux soldats expéditionnaires et à leurs familles.

Ces familles, c'est à leur municipalité qu'elles s'adressent. Celles-ci ne feront-elles rien pour leurs administrés ?

Dans une précédente session, le Conseil municipal a voté des subventions à plusieurs de nos confrères qui sont allés aux Colonies étudier les voies et moyens de la colonisation familiale, ou qui ont publié des travaux remarquables sur nos possessions.

C'est là un premier pas dont il faut féliciter nos édiles. Nous devons leur en être reconnaissants et les encourager à élargir les facilités à donner aux Français qui veulent aller peupler et mettre en valeur nos colonies.

N'était-il pas étrange, à propos de Madagascar, de voir les pouvoirs dirigeants exiger des colons volontaires : 1° le dépôt en banque d'une somme de 5.000 francs; 2° l'obligation de faire connaître à l'administration siégeant au Pavillon de Flore « la situation exacte et la nature du terrain dont la concession était demandée ».

Mais pour cela il fallait aller préalablement à Madagascar avec un arpenteur et en revenir avec le plan à fournir aux bureaux chargés de coloniser la grande île. C'était un comble !

N'est-ce pas à l'Administration, qui a des agents civils à Madagascar, à renseigner d'abord le colon sur la situation et la nature des terrains disponibles et ouverts à la colonisation? Ce qu'il y avait de plus surprenant, c'est que ces formalités ne fussent pas édictées pour les *colons étrangers*, qui d'ailleurs échappent à toutes ces formalités et se prévalent, sans contrôle, du droit du premier occupant. Il y avait là une entrave qui ne pouvait manquer d'être levée par un esprit aussi pratique et aussi éclairé que le général Galliéni. Il n'était que temps *d'encourager l'immigration de nos nationaux* dans notre nouvelle colonie de l'Océan Indien, comme l'a fait le général dans son programme du 21 avril 1899.

Ce qui rend le rôle de la Ville de Paris dans la colonisation si prépondérant, c'est que nulle autre administration ne présente d'éléments de colonisation comparables aux siens. Elle possède des orphelinats, des colonies agricoles, où ses pupilles sont des professionnels de la colonisation lorsqu'ils arrivent à 21 ans.

Les Bureaux de bienfaisance de la Seine assistent chaque année 130.060 personnes. Ils distribuent des secours à 50.000 ménages.

Et qu'on ne croie pas que ces 50.000 familles ne soient composées que d'invalides et de paresseux. Beaucoup sortiraient de leur misère si on leur donnait du travail aux colonies.

Si l'on aidait seulement 10.000 de ces familles, on ne serait pas obligé de renouveler en leur faveur de mois en mois, le maigre secours qui reste sans utilité pour l'avenir.

En France, on compte par an 15.000 orphelins et 80.000 enfants trouvés ou abandonnés. Or, la ville qui entretient le plus d'enfants, c'est la Ville de Paris: elle en a 36.372 de 1 jour à 21 ans.

Ces petits enfants sont ses pupilles. Ils lui coûtent, bon an mal an, 8 millions d'entretien.

Si saint Vincent de Paul revenait, il verrait que son œuvre a porté ses fruits. On l'imite. On ramasse les pauvres petits qui tombent des débiles mains maternelles, les orphelins dont les parents sont morts — et ceux plus à plaindre peut-être — les orphelins dont les parents indignes sont vivants.

Où les trouve-t-elle, la Ville de Paris, ces sans-famille? Dans la rue, en la maison d'où la police emmena les parents, à son bureau des enfants assistés où l'abandon administratif a remplacé le tour.

Chaque année, la cueillette de ces pauvres êtres est d'environ 5.000. D'après le remarquable rapport de M. Paul Strauss, sur ce nombre des abandonnés, il y a 400 enfants trouvés, 4.104 enfants abandonnés, — dont 3.800 abandonnés directement à l'hospice, — 500 orphelins.

La Ville de Paris en fait des agriculteurs, des artisans, de bons soldats. Avant l'âge de leur majorité, ces enfants ont placé à la caisse d'épargne environ 2,500,000 francs.

N'y a-t-il pas là une intéressante pépinière de colons?

On s'effraie parfois des débuts de ces colons volontaires. Et à ce propos, je rappellerai le cas cité par Edmond About. Il nous racontait l'histoire de la fondation d'un village en Algérie, il y a vingt-cinq ans:

Un pâle laboureur, qui était un Parisien, traçait mélancoliquement un sillon de sa charrue, pendant que sa compagne l'abritait d'une ombrelle rose, et de temps à autre lui lisait quelques pages de Paul de Kock. C'était champêtre et parisien à la fois.

Un des premiers établissements de ce village fut une salle de bal. Aux colonies, les Anglais commencent, dit-on, par une banque, les Espagnols par une église, les Français par un café. Là, c'était mieux, puisqu'on y dansait aussi.

Celui qui se reposait de son rude labeur en écoutant Paul de Kock, trouva bientôt qu'il valait mieux planter un vignoble. Il est aujourd'hui l'un des plus riches vignerons de sa région, et un village très prospère a remplacé le sillon si singulièrement tracé par le premier occupant.

J'ai vu aussi des colons débutants se décourager et abandonner leurs récoltes. Ils étaient bijoutiers en chambre au cinquième, à Paris et trouvaient la terre trop basse pour leur échine. De solides Alsaciens les ont remplacés et ces concessions font vivre facilement ceux qui y ont repris le travail interrompu.

La colonisation, c'est le *struggle for life*; il y a donc forcément une sélection. Elle se fait d'elle-même. A celui qui a essuyé les plâtres succède un plus vaillant ou un plus habile qui réussit et grandit.

Evidemment, il ne s'agit pas de mendiants, de vagabonds, de gens livrés à eux-mêmes *sans aucune ressource*. Il s'agit de colons *aidés de subsides* ainsi que les Anglais, les Américains l'ont fait pour leurs colonies et pour les pays qu'ils ont peuplés et colonisés. Ce ne sont pas des *capitalistes* qu'ils ont expédiés par milliers dans ces pays nouveaux.

Nous avons à peupler:

Madagascar,
La Calédonie,
Le Tonkin, l'Annam et le Laos,
La Tunisie,
L'Algérie et nos colonies d'Afrique.

Que la presse française et la presse coloniale nous aident largement pour aboutir à ce résultat.

Un Syndicat de la Presse coloniale fonctionne à Paris. Nous sommes persuadé que son Président, M. P. Vivien, Conseiller Municipal, ses vice-présidents et ses membres useront de leur influence pour plaider la cause des colons français et donner la vitalité nécessaire à nos colonies de peuplement.

Comme ressources, des avances pourraient être faites par le Département des colonies, la Ville de Paris, les communes, l'Assistance publique, les banques coloniales, les chambres d'agriculture, les chambres de commerce, les chambres consultatives d'arts et manufactures, etc. et par les colonies elles-mêmes.

Nous avons exposé déjà toute l'économie financière du projet. Est-il donc irréalisable? Nous proposions le *sou des colons*. Le sou par mois et par tête, c'est le levier qui soulèverait le monde. Ce levier est entre les mains des municipalités et des bureaux d'assistance publique.

En ce qui concerne le Musée colonial, il doit être alimenté par les subventions du ministère des colonies et de chaque colonie. Il y aurait lieu d'y ajouter une subvention de la Ville de Paris, de la Chambre de commerce, des banques coloniales, etc.

Nous avons montré quel avait été jusqu'ici le

rôle de la Ville de Paris dans la colonisation.

La Ville peut et doit, selon nous, accentuer et étendre ce rôle. Son initiative, basée sur les facilités qui lui seraient données par les Pouvoirs publics, aurait l'approbation de ses administrés et de tous les français.

Elle améliorerait leur état social au profit des citoyens et de la nation entière.

Pour cela, elle pourrait créer à l'Hôtel de Ville un *Bureau Municipal de colonisation* qui répondrait aux demandes de ses ressortissants, qui ferait pour eux toutes les démarches. La ville les aiderait de quelques subsides. Elle subventionnerait le musée colonial et en ferait véritablement un centre d'études coloniales, avec le concours du Département des colonies, des sociétés de géographie, des Chambres de commerce, des banques coloniales, etc.

Ce projet paraît mériter d'être étudié par nos édiles. Son application pourrait avoir les plus heureuses conséquences pour le peuplement de nos colonies, pour leur mise en valeur, pour l'amélioration sociale du sort des pupilles de la Ville, de ceux qui veulent l'assistance par le travail, par la colonisation. On empêcherait quelquefois les masses démocratiques de dégénérer en société démagogique. On rendrait enfin, à la France continentale, à la France d'outre-mer et à l'agglomération parisienne, des services tels que la Municipalité pourrait s'en faire gloire et mériter la reconnaissance de la patrie.

En conséquence, nous soumettons à l'examen du Conseil, avec l'Exposé des motifs, le projet de résolution qui suit :

Considérant que la question coloniale est l'un des corollaires de la question sociale ;

Que les municipalités, et en premier lieu celle de la capitale, ne sauraient rester étrangères aux mesures pratiques à prendre relativement au peuplement et à la mise en valeur de nos colonies par nos concitoyens ;

Que la Ville de Paris, par la solennelle réception faite aux principaux explorateurs français et étrangers, par la création de cours de géographie dans les arrondissements de Paris, par les nombreuses conférences coloniales données dans les mairies a montré quel puissant intérêt elle attachait à la mise en valeur de nos possessions extérieures ;

Que l'Exposition coloniale dite permanente, centre d'instruction coloniale de l'ancien palais de l'Industrie, était « l'un des établissements scientifiques les plus appréciés de la capitale »; mais a été provisoirement supprimée ;

Que Paris est ainsi dépourvu de musées commerciaux et coloniaux qui donnent de si précieux résultats dans les grandes villes à l'étranger ;

Qu'il y a lieu de réunir dans un même établissement, à Paris, l'ensemble des ressources que présente le nouveau domaine extérieur de la France; que l'Exposition coloniale de 1900 offre des facilités spéciales pour la constitution de ce Musée colonial permanent ; que, depuis plus de douze ans, des vœux pressants ont été émis dans tous les congrès des sociétés de géographie, d'études coloniales, économiques et sociales, en vue d'une plus grande diffusion des renseignements coloniaux ;

Que cette diffusion semble devoir se faire par l'intermédiaire des municipalités et dans les mairies en même temps que dans les bureaux de l'administration et dans les préfectures ; que cette propagande peut s'exercer dans les écoles, les associations ouvrières, etc. ;

Que la Ville entretient à grands frais (8 millions) des orphelinats, des colonies agricoles, des œuvres d'assistance publique de tout genre ;

Qu'elle secourt annuellement plus de 130.000 individus, qu'elle élève près de 37,000 pupilles, aptes à faire, à leur majorité, une pépinière de professionnels de la colonisation ;

Que la colonisation par l'assistance ou l'assistance par la colonisation, c'est-à-dire par le travail, ne doit pas s'appliquer à des impotents, des paresseux ou des vagabonds ; mais qu'il s'agit d'aider par tous les moyens et par des subsides les assistés valides qui veulent employer leur capital-bras à l'exploitation du champ colonial en friches ;

Vu les votes du Conseil municipal, allouant des subventions destinées à la colonisation en faveur de citoyens du département de la Seine ;

Vu le projet de création d'une commission municipale du travail ;

Le Conseil met à son ordre du jour le projet de résolution qui suit :

« La Ville de Paris affectera au musée colonial et commercial et ses annexes un local central ;

« Des subsides seront, s'il y a lieu, accordés aux candidats colons du département de la Seine ;

« Un *Bureau municipal de colonisation* leur facilitera les démarches à faire pour obtenir des concessions de terres, des passages sur mer et sur terre, et autres moyens d'établissement ;

« Une entente interviendra sur ces questions entre la Ville de Paris et les Pouvoirs spéciaux compétents ».

En admettant en principe ce projet de résolution et en le faisant aboutir, le Conseil donnera satisfaction à l'opinion publique. Il y a, en effet, unanimité dans la presse, dans les sphères commerciales, dans toutes les classes de la population, pour provoquer le *peuplement* et la mise en valeur de notre domaine par nos nationaux.

Le Conseil répondra donc à un besoin public et fera un acte de bonne politique et de bonne administration.

CH. LEMIRE,

Résident honoraire de France,
Conseiller du Commerce extérieur.

TROISIÈME PARTIE

Documents officiels annexes

RÉGIME DES CONCESSIONS DE TERRES DANS LES COLONIES ET LES PAYS DE PROTECTORAT

TROISIÈME PARTIE

MADAGASCAR

GOUVERNEMENT GÉNÉRAL

ARRÊTÉ SUR LA COLONISATION MILITAIRE
21 AVRIL 1899

Le Général commandant en chef du Corps d'occupation et Gouverneur Général de Madagascar et Dépendances,

Vu les décrets des 11 décembre 1895 et 30 juillet 1897;

Vu l'arrêté du 10 février 1899, fixant les conditions d'attribution de terre dans la Colonie;

Considérant que de nombreux militaires libérables du Corps d'occupation ont manifesté leur volonté de s'établir à demeure dans la Colonie pour y créer des exploitations agricoles;

Considérant que l'Imerina et le Betsiléo paraissent se prêter plus particulièrement à la colonisation de peuplement et qu'il y a le plus grand intérêt à provoquer l'installation dans ces régions de colons français qui puissent y assurer définitivement l'établissement pacifique de notre influence, en contribuant à leur mise en valeur;

Considérant que les militaires libérables du Corps d'occupation constituent, pour le peuplement des régions centrales, un excellent élément et qu'il y a, par suite, la plus grande utilité à encourager et à faciliter leur installation définitive en qualité de colons;

Le conseil d'administration entendu,

Arrête :

Art. Ier. — Les militaires du Corps d'occupation pourront obtenir, dans l'année qui précédera leur libération, des concessions gratuites dans les régions de l'Imerina et du Betsiléo, aux conditions prévues par les articles ci-après, ainsi que par l'arrêté du 10 février 1899 dans celles de ses dispositions qui ne sont pas contraires au présent règlement; le même privilège sera accordé aux militaires qui appartiennent à la légion étrangère, à la condition qu'ils demandent leur naturalisation en même temps qu'ils solliciteront la concession.

Art. II. — Les demandes de concession devront indiquer :

1° Les ressources personnelles que le demandeur pourra affecter à l'exploitation projetée;

2° La situation et la superficie du terrain à concéder;

3° La profession du demandeur avant son entrée au service militaire;

4° La nature exacte de l'exploitation projetée ainsi que le montant approximatif des frais de premier établissement qu'elle entraînera.

En outre, les demandes de concession devront mentionner l'engagement, de la part du pétitionnaire : 1º d'habiter effectivement sur sa concession pendant trois années consécutives, à dater du jour de la délivrance du titre provisoire de propriété ; 2º de mettre en rapport, dans le même délai, les terres dont la concession lui sera faite ; 3º de se tenir, pendant le même laps de temps, à la disposition du chef de la circonscription dans laquelle il sera établi, pour concourir, s'il en est requis, au maintien de la sécurité dans la région.

Art. III. — Toute demande de concession formulée dans les conditions qui précèdent devra être adressée au chef de corps qui la transmettra, avec son avis personnel sur la moralité et l'aptitude professionnelle du candidat, au chef de la province où se trouve le lot de terrain sur lequel le militaire libérable désirera s'installer. Ce fonctionnaire établira un devis des dépenses à engager pour l'installation de la ferme, sa mise en rapport et l'entretien du concessionnaire et donnera son avis motivé sur les chances de réussite de l'exploitation projetée. Il centralisera les dossiers ainsi constitués de toutes les demandes de l'espèce qui lui auront été adressées et les transmettra ensuite, le 15 janvier et le 15 juillet de chaque année, au Gouverneur Général ; celui-ci désignera, dans la limite des crédits ouverts au budget, ceux d'entre les demandeurs appelés à bénéficier des dispositions du présent arrêté et leur fera délivrer des titres d'occupation provisoire de concession gratuite.

Chaque titre mentionnera les engagements pris par le militaire libérable.

Art. IV. — Chaque année, un crédit sera inscrit au budget local pour pourvoir aux frais d'installation des colons militaires.

En principe, ceux-ci, au moment de la délivrance du titre d'occupation provisoire, devront posséder des ressources personnelles suffisantes pour subvenir à leur entretien jusqu'à la mise en rapport du sol et les subventions de toute nature qui leur seront allouées auront uniquement et directement pour but l'amélioration du fonds et sa mise en valeur.

Ces subventions ne pourront être octroyées pendant plus de deux années et être supérieures, en valeur, à 3.000 francs durant la première année et 1.500 francs pendant la seconde.

Art. V. — Le Gouverneur Général fixera, chaque année, le maximum des allocations à consentir à chacun des concessionnaires, à qui elles seront servies, par à-comptes successifs et trimestriellement, après justification de l'emploi des sommes primitivement avancées par le chef de la circonscription administrative où se trouve l'exploitation; ce fonctionnaire aura toute liberté pour se rendre compte des besoins des colons, apprécier la légitimité des demandes de fonds qui lui seront faites et n'y faire droit que si elles lui paraissent justifiées.

Art. VI. — Un livret mentionnant l'état civil du concessionnaire, son signalement, la date de la délivrance du titre provisoire, la situation et l'étendue de l'exploitation, sera remis au militaire libérable au moment de sa mise en possession; les prestations de toute nature qui lui seront délivrées au cours des deux années pendant lesquelles il aura droit aux encouragements matériels de l'administration y seront inscrites par les soins du chef de la province.

Art. VII. — Les concessionnaires ne pourront, pendant les six premières années de la mise en possesion, aliéner les biens meubles et immeubles mis à leur disposition par l'administration ou provenant des allocations de toute nature qu'elle leur aura faites, qu'à la condition de rembourser au trésor local le montant total de ces allocations; passé ce délai, ils disposeront à leur gré de leur concession et des biens meubles et immeubles qui y seront attachés, sans être passibles d'aucune répétition de la part de la Colonie. Cependant les fruits de l'exploitation, notamment les récoltes et le croît des animaux, seront, dès le jour de la mise en possession, la propriété du colon, quelle que soit leur provenance.

Art. VIII. — La propriété définitive du sol ne sera accordée au concessionnaire qu'après entier accomplissement des conditions imposées par le présent arrêté, notamment celles d'habiter sur la concession et de la mettre en valeur dans un délai de trois ans à dater du jour de la délivrance du titre provisoire, faute de quoi la déchéance pourra être prononcée par le Gouverneur Général en conseil d'administration, avec reprise de possession, au nom de la Colonie, des terres, habitations et tous autres objets mobiliers ou immobiliers acquis ou construits au moyen des allocations de l'administration.

Néanmoins, si le concessionnaire a fait sur son lot des améliorations utiles et permanentes, il sera procédé publiquement, par voie administrative, à l'adjudication de l'immeuble. Les concurrents seront tenus de prendre l'engagement de se substituer entièrement au colon déchu. Le prix de l'adjudication, déduction faite des frais et des dépenses de toute nature payées par l'administration au profit du concessionnaire, appartiendra à ce dernier ou à ses ayants cause. S'il ne se présente aucun adjudicataire, l'immeuble fera retour à la Colonie, franc et quitte de toutes charges provenant du fait du concessionnaire déchu.

Dans le cas où toutes les conditions ne seraient pas remplies par suite d'un cas de force majeure, le Gouverneur Général pourrait accorder, s'il y a lieu, une prorogation de délai.

Art. IX. — Tant que le concessionnaire ne se sera pas dégagé de toutes ses obligations, il ne pourra, sous peine de déchéance, consentir aucune substitution, aliénation ou hypothèque sans autorisation spéciale. Cette autorisation sera donnée par le Gouverneur Général.

Art. X. — En cas de décès d'un concessionnaire, le titre provisoire qui lui aura été délivré sera transmissible à ses héritiers, conformément au droit commun, sous réserve de l'accomplissement des obligations auxquelles le défunt était assujetti.

Art. XI. — MM. le Secrétaire Général p.i., les

chefs des corps de troupes et les chefs de province de l'Imerina et du Betsiléo sont chargés, chacun en ce qui le concerne, de l'exécution du présent arrêté.

Fait à Tananarive, le 21 avril 1899.
GALLIENI.

CIRCULAIRE SUR LA COLONISATION MILITAIRE

AUX ADMINISTRATEURS CHEFS DE PROVINCE ET COMMANDANTS DE CERCLE DE L'IMÉRINA ET DU BETSILÉO

du 21 juin 1899

J'ai l'honneur de vous faire connaître que je me propose d'effectuer le 31 juillet prochain, la répartition du reliquat du crédit qui a été ouvert, à la suite de la promulgation de l'arrêté du 21 avril dernier sur la colonisation militaire, dans le but d'assurer, pendant l'année courante, l'installation des soldats colons.

Je vous prie, en conséquence, de vouloir bien prendre d'urgence, toutes mesures utiles en vue de me transmettre les dossiers des militaires libérables du corps d'occupation qui seraient désireux de bénéficier des dispositions de l'arrêté précité et de créer une exploitation agricole dans les régions centrales de l'Imerina et du Betsileo.

Je crois utile de vous rappeler à ce propos, qu'aux termes des instructions du 22 janvier 1899 sur les principes de colonisation à appliquer à Madagascar, chaque dossier doit comprendre, indépendamment du devis des dépenses à engager pour l'entretien du colon ainsi que l'installation de la ferme et la marche de l'exploitation :

1º La demande de l'intéressé.

2º L'indication de ses ressources personnelles.

3º L'engagement pris par lui :

a D'habiter effectivement sur sa concession pendant 3 années consécutives, à dater du jour de la délivrance du titre provisoire de propriété ;

b De mettre en rapport dans le même délai les terres dont la concession lui sera faite ;

c De se tenir pendant 3 années, à dater de sa libération, à la disposition des autorités locales pour concourir, si besoin est, au maintien de la sécurité du pays.

A ces renseignements, il convient d'ajouter une pièce faisant connaître :

4º La situation et la superficie du terrain à concéder ;

5º La profession du demandeur avant son entrée au service militaire.

C'est au vu de ces documents que je déciderai si les demandes peuvent être agréées et dans quelle mesure il est possible d'y donner suite.

Je vous prie de vouloir bien m'accuser réception de la présente circulaire et veiller, le cas échéant, à ce que les instructions qui y sont contenues soient scrupuleusement observées.

Tananarive, le 21 juin 1899

PENNEQUIN.

MADAGASCAR

GOUVERNEMENT GÉNÉRAL

OUVERTURE DE CRÉDITS POUR LA COLONISATION MILITAIRE.

21 avril 1899

Le Général commandant en chef du corps d'occupation et Gouverneur Général de Madagascar et Dépendances,

Vu les décrets des 11 décembre 1895 et 30 juillet 1897;

Vu l'arrêté en date de ce jour, déterminant les conditions dans lesquelles les militaires libérables du corps d'occupation pourront obtenir des concessions territoriales dans les régions centrales de l'Imerina et du Betsiléo;

Le Conseil d'administration entendu;

ARRÊTE :

ART. 1ᵉʳ. — Un crédit supplémentaire de vingt-cinq mille francs (25,000 fr.) est ouvert au chap. 20 (agriculture) du budget local de l'exercice courant sous la rubrique « Colonisation militaire » pour assurer, pendant l'année courante, l'installation de militaires libérables du corps d'Occupation, dans les régions centrales de l'Imerina et du Betsiléo.

Art. II. — M. le Secrétaire général p. i., est chargé de l'exécution du présent arrêté.

Fait à Tananarive, le 21 avril 1899

GALLIENI.

RÉPUBLIQUE FRANÇAISE

LIBERTÉ — ÉGALITÉ — FRATERNITÉ

COLONIE DE MADAGASCAR
ET DÉPENDANCES

COLONISATION MILITAIRE

LIVRET DU COLON

M..

ÉTAT-CIVIL

Nom ....

Prénoms ....

Surnoms ....

Né le ....

à ....

Canton d ....

Département d ....

Fils de ....

et de ....

domiciliés à ....

Canton d ....

Département d ....

Les ressources personnelles du colon au moment de son entrée en possession......	....
Date { de la délivrance du titre provisoire	....
de la délivrance du titre définitif	....
du jugement d'immatriculation	....

	Situation : ....
Terrains concédés	Étendue : ....

PRESTATIONS DE TOUTE NATURE				
NATURE de chaque prestation	MONTANT en valeur de chaque prestation		DATE de la prestation	EMARGEMENT du colon
	F.	C.		

DÉLIVRÉES AU COLON			
EMPLOI DÉTAILLÉ de chaque prestation délivrée	F.	C.	OBSERVATIONS

PRESTATIONS DE TOUTE NATURE				
NATURE de chaque prestation	MONTANT ou valeur de chaque prestation		DATE de la prestation	EMARGEMENT du colon
	F.	C.		

DÉLIVRÉES AU COLON

EMPLOI DÉTAILLÉ de chaque prestation délivrée	F.	C.	OBSERVATIONS

INDO-CHINE

GOUVERNEMENT GÉNÉRAL

Tonkin

RÈGLEMENT DES CONCESSIONS DE TERRAINS DOMANIAUX AU TONKIN
18 août 1896

Le Gouverneur général de l'Indo-Chine, commandeur de la Légion d'honneur,

Vu le décret du 21 avril 1891 ;

Vu l'arrêté du 5 septembre 1888, concernant les concessions de terrains ruraux aux Français sur le territoire du Tonkin ;

Vu les arrêtés des 11 mai 1891 et 24 avril 1895, portant modification audit arrêté ;

Considérant qu'il importe de faciliter aux colons français, désireux d'entreprendre des exploitations agricoles au Tonkin, l'obtention de concessions de terrains ruraux libres de nature domaniale ;

Considérant qu'il est, à cet effet, nécessaire de substituer aux prescriptions des textes sus-visés de nouvelles dispositions plus en harmonie avec les besoins du développement de la colonisation au Tonkin ;

Vu l'avis de S. E. le Kinh-luoc ;

Vu l'avis de la Chambre d'agriculture du Tonkin;
Le Conseil du Protectorat entendu,

ARRÊTE :

ARTICLE PREMIER. — Des concessions de terrains ruraux libres et appartenant à l'État pourront être, au Tonkin, accordées aux Français qui en feront la demande dans le but de créer des exploitations agricoles ou de s'adonner à l'élevage du bétail.

Ces terrains sont de deux catégories :

La 1re catégorie comprend les terrains libres dont le lotissement a pu être opéré conformément aux dispositions du paragraphe ci-après;

La 2e catégorie comprend les terrains domaniaux dont le lotissement n'a pu encore être effectué.

Un état des terrains de la 1re catégorie ci-dessus est tenu, pour chaque province, dans les bureaux du chef de province. Le double de cet état est déposé à la Direction des Affaires civiles à Hanoi.

Cet état fait connaître pour chaque lot :

La situation;

Le limites générales;

La contenance approximative;

La distance du chef-lieu de la province, d'un cours d'eau navigable ou de la voie ferrée, l'itinéraire à suivre pour s'y rendre; la nature du sol; la nature de la végétation; les cultures possibles; les moyens de communication. Il est publié au *Journal officiel*.

ART. 2. — Les concessions ainsi accordées sont provisoires.

Elles deviennent définitives, sur la demande des

concessionnaires, au fur et à mesure de leur mise en culture ou en exploitation dans les conditions et suivant les formes déterminées à l'article 8 du présent arrêté.

Elles ne donnent lieu à aucune redevance autre que celle d'un franc par année et par concession, prévue à l'article 12 du présent arrêté.

Art. 3. — Les concessions ne comprennent que la surface du sol; les mines, les carrières autres que les carrières de matériaux de construction et généralement les produits du sous-sol sont réservés et soumis à des règles spéciales. Les carrières de matériaux de construction et les gîtes d'alluvions seront compris dans les concessions.

Les rivages de la mer sont réservés jusqu'à 80 mètres, à partir des plus hautes mers.

Il en est de même des rives des fleuves jusqu'à 25 mètres des rivages.

Art. 4. — Le pétitionnaire adresse sa demande au Résident chef de la province où est situé le terrain demandé.

La demande indique les noms et prénoms, le lieu et la date de naissance, le domicile du pétitionnaire, qui devra joindre à sa demande les pièces attestant sa qualité de Français; elle fait connaître, en outre, la situation, les limites générales, la contenance approximative des terrains dont la concession est sollicitée et l'objet de la concession.

S'il s'agit de terrains de la 1re catégorie, le pétitionnaire pourra entrer en possession immédiate des terrains demandés sur une simple autorisation écrite du chef de la province, qui sera confirmée par l'arrêté de concession provisoire. Cet arrêté sera publié dans le délai d'un mois au *Journal officiel*.

Art. 5. — S'il s'agit de terrains de la 2ᵉ catégorie, le Résident chef de province délivre au pétitionnaire un récépissé de sa demande de concession.

Le Résident, aussitôt après avoir reçu la demande, procède à une enquête ayant pour objet d'établir le caractère domanial des terrains dont la concession est demandée. Il vérifiera en même temps, d'une façon sommaire, l'exactitude des indications fournies par le pétitionnaire, au point de vue de la surface des limites et de la situation de la concession demandée.

Il rend compte au Secrétaire général, lors de la transmission du dossier, des résultats de sa vérification.

Les demandes de concession de terrains de la 2ᵉ catégorie sont portées, au cours de cette enquête, à la connaissance du public par l'insertion au *Journal officiel* et au Journal en caractères et par l'affichage en français et en caractères, au chef lieu de la province et dans les communes sur le territoire desquelles les terrains demandés sont situés.

Le Résident chef de la province, dans les cinq jours qui suivent le dépôt de la demande, adresse une copie de celle-ci au Secrétaire général en vue de l'insertion à faire au *Journal officiel* et au Journal en caractères.

L'affichage doit être effectué par ses soins dans le même délai.

Art. 6. — Les oppositions visant les demandes de terrains de la 2ᵉ catégorie sont reçues au Secrétariat général et dans les bureaux du Résident chef de la province pendant un mois à compter du jour de l'insertion au *Journal officiel*.

Passé ce délai, les oppositions ne sont plus admises par l'autorité administrative et il appartient, le cas échéant, à l'autorité judiciaire de statuer.

Les oppositions reçues au Secrétariat général sont envoyées d'urgence au Résident chef de la province. Celui-ci procède sans délai à l'examen de ces oppositions, ainsi que de celles qui lui ont été directement signifiées.

Le règlement en est poursuivi par ses soins avec la plus grande diligence.

Dès que le dossier de la demande est complet et que le règlement des oppositions est achevé le Résident transmet le dossier au Secrétaire général.

Dans le cas où il ne s'est pas produit d'opposition. cette transmission doit être opérée dans un délai de deux mois au maximum, à compter du jour du dépôt de la demande de concession,

Dans le même cas, le pétitionnaire est, dès l'arrivée du dossier au Secrétariat général, autorisé par lettre du Secrétaire général à s'établir sur les terrains qui doivent lui être concédés.

Si des oppositions se sont produites, la même autorisation est donnée au pétitionnaire aussitôt après le règlement de ces oppositions.

Dès que le pétionnaire a été autorisé par le Secrétaire général à s'établir sur les terrains qui doivent lui être concédés, il est tenu de marquer sur le sol, d'une façon apparente et réelle, les limites de la concession,

L'arrêté de concession provisoire pourra être

signé aussitôt après l'achèvement de l'enquête.

ART. 7. — En principe toute personne ayant cultivé depuis moins de deux ans un terrain englobé dans une concession a droit, même sans posséder le titre, à une indemnité fixée par le Secrétaire général, sur la proposition du Résident chef de la province.

Le pétitionnaire ne peut s'installer sur la concession qu'après avoir payé aux ayants droit, par l'intermédiaire du Résident chef de la province, les indemnités allouées par application du paragraphe précédent du présent article.

ART. 8. — Les concessions deviennent définitives, sur la demande des concessionnaires, au fur et à mesure de leur mise en état de culture ou d'exploitation, par fractions de dix hectares au minimum. Une commission composée du Résident chef de la province, d'un agent des travaux publics, d'un colon agriculteur français habitant la province ou, à défaut, d'un colon agriculteur français habitant l'une des provinces limitrophes, est chargée de donner son avis, après examen des lieux, sur l'accomplissement de ces conditions de mise en état de culture ou d'exploitation et de superficie. Le procès-verbal des opérations de cette commission est transmis par le chef de la province au Secrétaire général.

A l'expiration de la deuxième année, à partir de la date de l'arrêté de concession provisoire, le concessionnaire est tenu d'avoir mis en état de culture ou d'exploitation le cinquième au moins de la surface des terrains qui lui auront été provisoirement concédés sous peine d'encourir la déchéance immédiate de la partie de sa concession provisoire non encore cultivée ou mise en état d'exploitation. La commission prévue au 1er paragraphe du présent article donne son avis, après examen des lieux, sur l'accomplissement de cette condition. Le Résident chef de la province est tenu de réunir cette commission dans les deux mois qui suivent l'expiration de la deuxième année. Il invite par lettre les concessionnaires à assister aux opérations de la commission. En cas de déchéance encourue, le Gouverneur général statue sur le rapport du Secrétaire général.

La partie de la concession provisoire mise, à l'expiration de la deuxième année, en état de culture ou d'exploitation par le concessionnaire et n'atteignant pas au moins le cinquième de la surface des terrains provisoirement concédés, sera néanmoins concédée définitivement à celui-ci, s'il en fait la demande, même avant l'expiration de la cinquième année.

Art. 9. — A l'expiration de la cinquième année, à partir de la date de l'arrêté de concession provisoire, les parties de la concession non mises en état de culture ou d'exploitation, font retour au domaine public par simple décision administrative.

Le concessionnaire est envoyé par arrêté du Gouverneur général en possession définitive des terrains mis par lui en état de culture ou d'exploitation et non encore définitivement concédés.

Art. 10. — Les arrêtés de concession définitive soit partielle, soit totale, ne peuvent êtres signés que si le concessionnaire a fourni, au préalable, le plan du terrain dont il demande à être envoyé en possession définitive.

Ce plan est levé par les soins et aux frais du concessionaire. Il est fourni en double expédition, il est remis au Résident chef de la province où est située la concession. Ce fonctionnaire en délivre récépissé.

Ledit plan doit réunir les conditions suivantes :

1º Être dressé à l'échelle d'un dix millième ;

2º Être coté de façon à donner la surface exacte des terrains dont la concession définitive est demandée ;

3º Être orienté au Nord vrai et rattaché à quelque point fixe remarquable à la surface.

Il est vérifié, sans frais pour le concessionnaire, par les soins de l'administration, dans un délai maximum de un mois à partir de la date de son dépôt dans les bureaux du Résident chef de la province. Passé ce délai, il sera considéré comme exact et l'arrêté de concession définitive pourra être signé.

ART. 11. — En cas de décès du concessionnaire avant l'expiration du délai de cinq années, les héritiers du concessionnaire lui sont substitués de plein droit. Ils devront, s'ils ne sont pas présents, se faire représenter par un mandataire spécial dans un délai maximum d'une année à partir du jour du décès du concessionnaire, faute de quoi leurs droits deviendront caducs en ce qui concerne les parties de la concession non encore concédées au moment du décès. En cas d'association, le droit des associés est reconnu; à la condition que lesdits associés soient Français et que les actes d'association aient été déposés, au préalable, au Secrétariat général. Ces actes sont restitués aux intéressés dans un délai maximum de quinze jours à compter du jour de leur dépôt. Une copie certifiée desdits actes est jointe au dossier de la concession.

Art. 12. — Les concessions de terrains ruraux sont exemptées de l'impôt foncier pendant cinq années à partir de la date de l'arrêté de concession provisoire. Le concessionnaire est toutefois tenu de verser à la caisse du Receveur des Domaines, jusqu'à l'expiration de la cinquième année à partir de la date de l'arrêté de concession provisoire, une redevance fixe d'un franc par année et par concession, quelle que soit la surface de la concession.

L'impôt foncier sera exigible à l'expiration de ce délai de cinq années, d'après la nature des cultures ou de l'exploitation, pour la totalité de la surface concédée.

Art. 13. — L'administration se réserve le droit de reprendre, jusqu'à l'expiration de la cinquième année à partir de la date de l'arrêté de concession provisoire, les parties de terrains non encore concédées à titre définitif, qui lui seraient nécessaires pour l'établissement de routes et travaux d'utilité publique de toute nature, moyennant le payement de la valeur des constructions, des cultures et des installations diverses qui se trouveraient sur ces parties de terrain.

Une commission détermine sans appel, après examen des lieux, la valeur desdites constructions, cultures et installations. Cette commission est composée comme suit :

Le Résident chef de la province où est située la concession . . . . **Président ;**

Un membre de la Chambre d'agriculture. . . . .

Un colon français agriculteur .

Désignés par le Secrétaire général.

Art. 14. — Les tombeaux, pagodes et constructions de toutes sortes affectées au culte, ne devront subir aucune dégradation du fait du concessionnaire, qui est tenu d'en laisser toujours l'accès libre.

Art. 15. — Le terrain concédé est grevé d'un droit de servitude de passage au profit des propriétés privées et communales, qui existent ou pourront exister dans le voisinage.

Art. 16. — Tout arrêté de concession provisoire ou définitive sera enregistré et transcrit par les soins et aux frais du concessionnaire.

DISPOSITIONS TRANSITOIRES

Art. 17. — Les dispositions du présent arrêté sont applicables aux concessions provisoires accordées depuis moins de cinq années. Ces concessions restent toutefois soumises aux conditions stipulées dans les arrêtés qui les ont accordées, en tout ce qui n'est pas contraire aux dispositions du présent arrêté. Les redevances acquittées par les concessionnaires sont, en ce qui les concerne, définitivement acquises au budget du Protectorat.

Les dispositions de l'article 13 du présent arrêté sont applicables aux concessions devenues définitives sous le régime des arrêtés des 5 septembre 1888 et 11 mai 1891.

Art. 18. — Sont et demeurent abrogées, sous la

réserve inscrite au deuxième paragraphe de l'article 17 ci-dessus, les dispositions des arrêtés antérieurs relatifs aux concessions de terrains ruraux au Tonkin et notamment celles des arrêtés des 5 septembre 1888 et 11 mai 1891.

Hanoi le 18 août 1896.

A. ROUSSEAU.

INDO-CHINE

Tonkin

Arrêté du 26 août 1899

CONTRATS DE TRAVAIL

Le Gouverneur général de l'Indo-Chine,

Vu le décret du 21 avril 1891,
Sur la proposition du Résident supérieur au Tonkin,
La commission permanente du Conseil supérieur de l'Indo-Chine entendue,

Arrête:

Article premier. — Tout indigène du Tonkin ou asiatique assimilé, non citoyen français, majeur, de l'un ou de l'autre sexe, travaillant comme domestique ou ouvrier des villes ou des champs, pour le compte d'un Européen ou assimilé et suivant un engagement verbal ou écrit, sera astreint à se munir d'un livret.

Art. 2. — Le livret a pour but de constater l'identité du titulaire, le village dont il est originaire ou auquel il se rattache son dernier domicile, la nature et la durée de l'engagement, le salaire convenu et son mode de paiement. Il équivaut au permis de séjour.

Art. 3. — Les domestiques et ouvriers ne peuvent engager leurs services que pour une durée d'un an au plus, sauf rengagement, ou pour une entreprise déterminée.

Le louage de service, fait sans détermination de durée, peut toujours cesser par la volonté d'une des deux parties, à condition de prévenir quinze jours à l'avance.

Art. 4. — Aucun indigène de moins de 18 ans, de l'un ou de l'autre sexe, ne peut contracter un engagement de travail, ou rompre son engagement, qu'avec le consentement de ses ascendants, ou de la personne autorisée à les remplacer.

Art. 5. — Les livrets seront délivrés et visés, en présence des parties, par les Commissaires de police à Hanoi et à Haïphong et par les Chefs de province ou leurs délégués à l'intérieur du Tonkin.

Il seront revêtus de la signature de l'engagiste et de l'engagé, et, au cas où une des parties ne saurait signer, mention en sera faite par le fonctionnaire compétent.

Art. 6. — Les engagements successifs d'un même domestique ou ouvrier et leur résiliation seront constatés dans les mêmes formes que la délivrance du livret et par les mêmes fonctionnaires qui en feront mention sur le livret de l'engagé.

Art. 7. — Tout individu astreint au livret, qui ne pourra le présenter quand il en sera requis, qui résiliera sans motifs légitimes l'engagement par lui consenti, qui, au cas du paragraphe 2, de l'article 3, cessera son service sans prévenir l'engagiste dans le délai fixé au dit article, ou qui, à l'expiration ou à la résiliation de son engagement dûment constatée, désirant ne plus s'employer pour le compte d'un Européen ou assimilé et rentrer dans son village, n'en fera pas la déclaration à l'un des fonctionnaires énumérés à l'article 5, sera puni d'un emprisonnement d'un à cinq jours et d'une amende de un à quinze francs, ou de l'une de ces deux peines seulement.

Art. 8. — Sera passible des mêmes peines l'engagé qui au cours de son engagement, par insubordination, refus, faute ou mauvais vouloir, n'aura pas exécuté le travail pour lequel il avait été engagé, sans préjudice de peines plus graves encourues et de tous dommages-intérêts, s'il y a lieu.

Art. 9. — Tout indigène ou asiatique assimilé qui, à l'aide de violences, menaces, sollicitations dons ou promesses, déterminera des domestiques ou ouvriers à abandonner, pendant le cours de leur engagement, l'exploitation, l'atelier, le service de l'engagiste auquel ils sont attachés, sera puni des peines portées en l'article 7.

Art. 10. — Tout engagiste qui aura à se plaindre de son engagé pourra le faire conduire au poste de police le plus voisin.

Tout engagé qui aura des sujets de plainte contre son engagiste, pourra en saisir le Commissaire de police à Hanoï ou à Haiphong, ou le Résident, ou son délégué dans les provinces, lequel, selon les cas, statuera dans la limite de ses attributions ou transmettra la plainte au magistrat compétent.

Art. 11. — Les contestations civiles, relatives à l'exécution ou à l'inobservation des contrats d'engagement seront portées au lieu du domicile de l'engagiste devant le juge de paix ou les résidents, magistrats, fonctionnaires et officiers en remplissant les fonctions.

Le juge sera tenu, avant toute citation en justice, d'appeler les parties en conciliation devant lui, par simple avertissement et sans frais.

Art. 12. — Les infractions au présent arrêté seront aussi jugées par les juges de paix ou les magistrats, officiers ou fonctionnaires en remplissant les fonctions.

Art. 13. — Les amendes et les condamnations aux frais et dépens prononcées contre les engagés sont de droit, en cas de non paiement, converties en journées de travail au profit du Protectorat, à raison de 0, 20 piastre la journée.

Art. 14. — Le juge, après chaque décision rendue, interpelle le condamné et l'invite à déclarer s'il entend s'acquitter et le prévient que, faute de ce faire, dans le délai qu'il détermine, sa condamnation sera convertie en journées de travail ; à moins que l'engagiste ne s'oblige à payer aux lieu et place de l'engagé, auquel cas il sera autorisé à retenir, sur son salaire, la somme par lui avancée pour ce paiement.

Art. 15. — Le temps pendant lequel l'engagé subira sa peine ne sera pas déduit de la durée de son engagement.

Toutefois, en cas de condamnation de l'engagé à l'emprisonnement pour crime ou délits de droit commun ou au maximum de la même peine pour infraction aux dispositions du présent arrêté, l'engagement pourra être déclaré résilié par l'autorité compétente, sur la demande de l'engagiste. Mention en sera faite sur le livret de l'intéressé.

Saïgon, le 26 août 1899.

Le Gouverneur Général :

PAUL DOUMER.

INDO-CHINE

Tonkin

TABLEAU DES CONCESSIONS ACCORDÉES

Voici, d'après un rapport du directeur de l'agriculture et du commerce de l'Indo-Chine, le relevé des concessions et propriétés au Tonkin.

Les chiffres ci-dessous s'appliquent aux concessions définitives, provisoires et demandées :

Province de Hanoï. — 5.171 hectares, répartis entre 30 concessionnaires (terrains affectés au commerce et à l'industrie).

Province de Sontay. — 10.168 hectares, répartis entre 12 concessionnaires.

Province de Hung-hoa. — 26.533 hectares, répartis entre 26 concessionnaires.

Province de Thaï-nguyên. — 83.067 hectares, répartis entre 14 concessionnaires.

Province de Bac-ninh. — 14.436 hectares, répartis entre 9 concessionnaires.

Province de Bac-giang. — 25.186 hectares, répartis entre 20 concessionnaires.

Province de Haiphong. — 311 hectares, répartis entre 14 concessionnaires.

Province de Hai-duong. — 2.706 hectares, répartis entre 6 concessionnaires.

Province de Nam-dinb. — 2.563 hectares répartis entre 5 concessionnaires.

Province de Ninh-binh. — 8.564 hectares, répartis entre 16 concessionnaires.

Province de Quang-yen. — 15.765 hectares répartis entre 17 concessionnaires.

Province de Hung-Yen. — 36 hectares pour 1 concessionnaire.

Province de Hanam. — 240 hectares pour 1 concessionnaire.

Districts de Cho-Bo, Van Bu et Dien-Bien-Phu. — 15.504 hectares pour 5 concessionnaires.

1er territoire militaire. — 15.052 hectares pour 16 concessionnaires.

2e territoire militaire. — 119 hectares pour 1 concessionnaire.

3e territoire militaire. — 10.212 hectares pour 14 concessionnaires.

4e territoire militaire. — 12.345 pour 5 concessionnaire.

Résumé. — La surface totale des concessions définitives et autres au Tonkin est de 247.978 hectares, répartis entre 202 concessionnaires.

INDO-CHINE

ANNAM

RÈGLEMENT DES CONCESSIONS AGRICOLES.

Arrêté du 28 avril 1899

ARTICLE PREMIER. — Des concessions de terrains domaniaux incultes situés hors des centres urbains pourront être accordés en Annam aux Français qui en feront la demande dans le but de créer des exploitations agricoles, industrielles ou commerciales.

ART. 2 — Les concessions ainsi accordées seront provisoires. Elles deviendront définitives sur la demande des concessionnaires dans les conditions et suivant les formes déterminées à l'article 8 du présent arrêté.

ART. 3. — La superficie des concessions accordées à des particuliers sera en rapport avec les capitaux dont ils disposent. Elles ne pourront, en règle générale, comprendre plus de 500 hectares. Dans ce cas, une superficie égale pourra être réservée dans les environs immédiats de la concession suivant le désir du concessionnaire pour lui être concédée, à titre provisoire, lorsqu'il aura rempli pour la concession primitive les conditions exigées par l'article 4.

Des concessions plus considérables pourront toutefois être accordées, soit à des sociétés constituées en vue de leur exploitation ou mise en valeur, soit à des particuliers ayant en vue une exploitation d'un caractère exceptionnel ou jouissant de ressources considérables. Pour les sociétés, leur acte de constitution devra être joint à la demande de concession.

Art. 4. — Dans le cas où le titulaire d'une première concession en demanderait une seconde, celle-ci pourrait lui être accordée dès que les 4/5e de la première concession auraient été mis en valeur.

Art. 5. — Les concessions ne comprendront que la surface du sol ; les mines, carrières, autres que les carrières de matériaux de construction, et généralement les produits du sous-sol, sont réservés et soumis à des règles spéciales.

Les carrières de matériaux de construction et les gîtes d'alluvions seront compris dans les concessions.

Les rivages de la mer seront réservés jusqu'à 80 mètres à partir de la limite des plus hautes mers. Il en sera de même des rives, des fleuves et rivières, sur une largeur de 25 mètres.

Art. 6. — Le demandeur en concession adressera sa demande au Résident chef de la province où est situé le terrain qu'il désire obtenir. La demande indiquera les noms et prénoms, le lieu et la date de naissance, le domicile du pétitionnaire, qui devra joindre à sa demande les pièces attestant sa qualité de Français. Il fera connaître, en outre, sur un plan joint à sa demande, la situation, les limites générales, la contenance approximative des terrains dont la concession est sollicitée et l'objet de la concession.

Art. 7. — Le Résident, chef de la province, délivrera au pétitionnaire un récépissé de sa demande de concession dont copie sera affichée à la Résidence ; une autre copie sera immédiatement envoyée aux autorités annamites, qui, dans les dix jours qui suivront cette communication, feront procéder à l'affichage d'une traduction en caractères de la demande à la citadelle et dans les communes sur le territoire desquelles les terrains demandés sont situés. Le Résident, chef de province, procédera ou fera procéder par son délégué, de concert avec les autorités indigènes ou leur délégué, à une enquête en vue d'établir le caractère domanial des terrains demandés. Il vérifiera en même temps l'exactitude des indications fournies par le pétitionnaire au point de vue de la situation, des limites et de la contenance de la concession demandée.

Procès-verbal de cette enquête sera joint au dossier, lorsque celui-ci sera adressé à la Résidence supérieure.

Le Résident fera procéder également à la délimitation du terrain à concéder. Dans tous les cas où ce terrain aura pour limites des terres déjà concédées ou appartenant à des particuliers ou associations, la délimitation devra être faite en présence des concessionnaires ou propriétaires riverains ou de leurs représentants.

Art. 8. — Les oppositions visant la concession demandée seront reçues dans un délai de deux mois, à compter de la date de l'affichage à la résidence, soit dans les bureaux mêmes de la résidence, soit dans ceux des autorités indigènes, soit à la résidence supérieure. Elles seront toutes transmises au Résident, chef de province, qui en poursuivra le règlement. Dès que ce règlement sera achevé, le dossier sera transmis au Résident supérieur.

Dans le cas où il ne se sera pas produit d'opposition cette transmission devra avoir lieu immédiatement après l'expiration du délai de deux mois.

Art. 9. — Le Résident supérieur transmettra le dossier au Comat qui l'examinera et donnera son avis sur la concession provisoire qui sera accordée par arrêté du Gouverneur général de l'Indo-Chine ou du Résident supérieur en Annam. L'acte de concession provisoire sera enregistré et transcrit en chancellerie par les soins et aux frais du concessionnaire.

Art. 10. — Les terrains mis en culture ou en exploitation pourront, si le concessionnaire en fait la demande, être annuellement concédés à titre définitif. A cet effet au bout de chaque année, comptée à partir de la date de la concession provisoire, une commission composée du Résident chef de province ou de son délégué, d'un agent des travaux publics ou de la Garde indigène ou d'un délégué des autorités provinciales, se rendra sur le terrain pour constater sa superficie, les conditions de mise en état de culture ou d'exploitation, et vérifier le plan mentionné à l'article. Procès-verbal de ses opérations sera transmis par les soins du résident au résident supérieur qui délivrera un titre de concession définitive. Ce titre devra être enregistré comme le titre de concession provisoire.

A l'expiration de la deuxième année, à partir de la date de l'arrêté de concession provisoire, le concessionnaire sera tenu d'avoir mis en état de culture ou d'exploitation le cinquième au moins de la surface des terrains qui lui auront été provisoirement concédés, et de demander pour cette partie la concession définitive, sous peine d'encourir la déchéance immédiate de la partie de sa concession provisoire non encore cultivée ou mise en état d'exploitation. La commission prévue au § 1 du présent article donne son avis, après examen des lieux, sur l'accomplissement de cette condition. Le résident est tenu de réunir cette commission dans les deux mois qui suivent l'expiration de la deuxième année. Il invite par lettre le concessionnaire à assister aux opérations de la commission. En cas de déchéance encourue, le Gouverneur général statue sur le rapport du résident supérieur.

La partie de la concession provisoire mise en état de culture ou d'exploitation à l'expiration de cette deuxième année et n'atteignant pas le 5ème de la surface des terrains provisoirement concédés, sera définitivement concédée.

Une superficie égale à celle déjà mise en culture pourra rester provisoirement concédée, sous réserve de la mise en valeur dans les mêmes conditions qu'une concession nouvelle.

Art. 11. — A l'expiration de la cinquième année, à partir de la date de l'arrêté de concession provisoire, et après vérification faite par la commission dans les formes prévues à l'article 10, les parties de la concession non mises en valeur feront retour au domaine par le fait d'une simple comunication adressée à l'intéressé. Par décision du Résident supérieur, rendue après avis du Comat, le concessionnaire est envoyé en possession définitive des terrains mis par lui en état de culture ou d'exploitation et non encore définitivement concédés (1).

Art. 12. — Les arrêtés de concession définitive, soit partielle, soit totale, ne peuvent être signés que si le concessionnaire a fourni au préalable le plan exact du terrain dont il demande à être envoyé en possession définitive.

Ce plan est levé par les soins et aux frais du concessionnaire. Il est fourni en triple expédition; il est remis au Résident, chef de la province où est située la concession, qui en délivre un récépissé, en garde un exemplaire et transmet les deux autres au Résident supérieur avec le dossier de la demande.

Ledit plan doit réunir les conditions suivantes: 1. Etre dressé à l'échelle d'un dix millième; 2. Etre coté; 3. Etre orienté au nord vrai et rattaché à quelque point fixe remarquable à la surface du sol.

Il sera vérifié sans frais pour le concessionnaire, par les soins de l'Administration, dans le délai maximum de deux mois à partir de la date de son dépôt dans les bureaux du Résident, chef de la province.

Art. 13 — En cas de décès du concessionnaire avant le délai de 5 années, ses héritiers lui seront

---

(1) Le Comat est le Conseil des Ministres à Hué.

substitués de plein droit. Ils devront, s'ils ne sont pas présents, se faire représenter par un mandataire spécial, dans un délai maximum d'une année à partir du jour du décès du concessionnaire ; faute de quoi, leurs droits deviendront caducs, en ce qui concerne les parties de la concession non encore concédées définitivement au moment du décès, lesquelles feront retour au domaine sans qu'aucune prétention à des dommages-intérêts puisse être élevée relativement aux constructions, cultures, installations diverses qui se trouveraient dans ces parties. En cas d'association, le droit des associés est reconnu, à la condition que les dits associés soient français et que les actes d'association aient été enregistrés et déposés au préalable à la Résidence supérieure ; ces actes sont restitués aux intéressés dans un délai maximum de 15 jours à compter du jour de leur dépôt.

Une copie certifiée desdits actes est jointe au dossier de concession.

Art. 14. — Les terrains concédés provisoirement sont exempts de l'impôt foncier qui sera perçu sur les terrains concédés à titre définitif, selon les lois, règlements et ordonnances en vigueur dans le royaume d'Annam.

Art. 15. — L'administration se réserve le droit de reprendre, sur les terrains concédés, aussi bien à titre provisoire qu'à titre définitif, les parcelles qui lui seraient nécessaires, notamment pour l'établissement de routes, chemins de fer et travaux d'utilité publique de toute nature, moyennant le paiement de la valeur des constructions, des cultures et des installations diverses qui se trouveraient sur ces parcelles.

Une commission déterminera sans appel, après examen des lieux, la valeur des dites constructions, cultures et intallations.

Cette commission sera composée comme suit :

Président : Le Résident chef de la province où est située la concession

Membre : Un colon français agriculteur ou à défaut un agent des Travaux publics ou de la Garde indigène désigné par le résident supérieur.

Membre : Un délégué des autorités indigènes.

ART. 16. — Les tombeaux, pagodes et constructions de toutes sortes, affectées au culte et portées sur le plan ne devront subir aucune dégradation du fait du concessionnaire qui est tenu d'en laisser toujours l'accès libre.

ART. 17. — Le terrain concédé est grevé d'un droit de servitude de passage au profit des propriétés privées et communales qui existent ou pourront exister dans le voisinage, comme il sera dit dans l'acte de concession.

ART. 18. — *Dispositions transitoires.*

— Les dispositions du présent arrêté sont applicables aux terrains précédemment cédés en location par le gouvernement annamite.

Ces terrains restent toutefois soumis aux conditions stipulées dans les contrats qui en ont assuré la possession en tout ce qui n'est pas contraire aux dispositions du présent arrêté.

Les possesseurs de ces terrains peuvent immédiatement bénéficier des dispositions du présent arrêté et se faire délivrer, pour les terrains mis en exploitation, un titre de concession définitive, en se conformant aux dispositions des articles 10 et 12 du présent arrêté.

Art. 19. — Le Directeur des affaires civiles de l'Indo-Chine et le Résident supérieur en Annam sont chargés, chacun en ce qui le concerne, de l'exécution du présent arrêté

Saigon, le 28 août 1899.

PAUL DOUMER.

INDO-CHINE

Cambodge

Arrêté du 26 août 1899

RÈGLEMENT DES CONCESSIONS DE TERRES

Le gouverneur général de l'Indo-Chine,
Vu le décret de 21 avril 1891 ;
Vu la convention relative à l'aliénation des terrains au Cambodge, en date du 27 juin 1897, et les actes additionnels des 1ᵉʳ avril 1891 et 15 février 1893 ;
Vu l'article 12, paragraphes 1ᵉʳ et 2, de l'Ordonnance royale du 11 juillet 1897 ;
Vu l'avis de la Chambre consultative mixte de commerce et d'agriculture du Cambodge ;
Sur la proposition du Résident supérieur au cambodge ;
La commission permanente du Conseil supérieur de l'Indo-Chine entendue,

Arrête :

Article premier. — Des concessions de terrains ruraux libres et appartenant au domaine pourront être accordées, au Cambodge, aux Français qui en feront la demande, dans le but de créer des exploitations agricoles ou de s'adonner à l'élevage du bétail.
Art. 2. — Les concessions ainsi accordées sont

provisoires. Elles deviennent définitives sur la demande des concessionnaires, au fur et à mesure de leur mise en exploitation dans les conditions et suivant les formes déterminées à l'article 9 du présent arrêté.

Art. 3. — Les concessions ne comprennent que la surface du sol. Les mines, les carrières autres que les carrières de matériaux de construction et, généralement, les produits du sous-sol sont réservés et la concession est soumise à des règles spéciales. Les carrières de matériaux de construction et les gîtes d'alluvion seront compris dans la concession territoriale.

Les rivages de la mer sont réservés jusqu'à 80 mètres à partir des plus hautes eaux. Il en est de même des rives de fleuves sur une largeur de 25 mètres.

Art. 4. — En règle générale, les concessions ne pourront avoir une superficie supérieure à 500 hectares. Toutefois, ce chiffre pourra être dépassé dans le cas où les demandeurs, qu'il s'agisse de particuliers ou associations, justifieront, par la production de tous actes utiles, d'une disponibilité de capitaux en rapport avec l'importance de la concession.

Art. 5. — Dans le cas où le titulaire d'une première concession en demanderait une seconde, celle-ci pourrait lui être accordée dès que la mise en valeur de la première concession aurait été constatée.

Art. 6. — Le demandeur de concession adressera sa demande au Résident, chef de la circonscription, où sont situés les terrains demandés. Il y joindra les pièces attestant sa qualité de Français.

La demande indiquera les nom et prénoms, le lieu et la date de naissance, le domicile du demandeur ; elle fera connaître, en outre, la situation approximative des terrains, ainsi que l'objet de la concession.

Art. 7. — Le Résident délivrera au demandeur un récépissé de sa demande en concession. Copie de cette pièce sera affichée en français, en cambodgien et en caractères chinois à la résidence. Semblables copies seront également affichées à la porte de l'habitation du gouverneur de la province et à la porte de l'habitation du mésrok, ou des mésroks ayant autorité sur les districts où sont situés les terrains demandés (1).

Le Résident procèdera ou fera procéder par son délégué, de concert avec le gouverneur provincial ou son balat, ou le mésrok compétent, à une enquête, en vue d'établir le caractère domanial des terrains. Il vérifiera en même temps l'exactitude des indications fournies par le demandeur au point de vue de la situation, des limites et de la contenance de la concession. Procès-verbal de cette enquête sera joint au dossier lorsque celui-ci sera adressé à la résidence supérieure.

Le Résident fera procéder également à la délimitation du terrain à concéder. Dans le cas où ce terrain aura pour limites des terres déjà concédées ou possédées par des particuliers ou associations, le délimitation devra être faite en présence des concessionnaires ou possesseurs riverains, ou de leurs représentants.

---

(1) Mésrok, chef de village.

Art. 8. — Les oppositions visant les concessions demandées seront reçues dans un délai de deux mois, à compter de la date de l'affichage des demandes. Elle seront transmises au Résident par les autorités indigènes ou reçues directement par lui et examinées à bref délai. Le dossier de l'affaire sera transmis ensuite à la résidence supérieure.

La concession provisoire sera accordée par arrêté du gouverneur général de l'Indo-Chine ou du résident supérieur au Cambodge, par délégation du gouverneur général, après avis du conseil du protectorat.

L'acte de concession provisoire sera enregistré et transcrit au bureau de Pnom-penh par les soins et aux frais des concessionnaires.

Art. 9. — Les concessions deviennent définitives sur la demande du concessionnaire au fur à mesure de leur mise en état d'exploitation, par fraction de 10 hectares au minimum.

Une commission composée du résident ou de son délégué, du chef du service de l'agriculture au Cambodge d'un colon français établi dans la même province voisine, est chargée de donner son avis, après examen des lieux, sur l'accomplissement de ces conditions de mise en état l'exploitation et de superficie. Le procès-verbal des opérations de la commission est transmis par le résident à la Résidence supérieure.

A l'expiration de la deuxième année, à partir de la date da l'arrêté de concession provisoire, le concessionnaire est tenu d'avoir mis en état d'exploitation le cinquième au moins de la surface des terrains qui lui ont été provisoirement concédés, sous peine d'encourir la déchéance immédiate de la partie de sa concession provisoire non encore mise en exploitation. La commission prévue au premier paragraphe du présent article jugera, après examen des lieux, si cette condition est remplie. Le Résident est tenu de réunir cette commission dans les deux mois qui suivent l'expiration de la deuxième année. Le concessionnaire est invité par lettre, au domicile *ad hoc* par lui indiqué sur le territoire du Cambodge, à assister aux opérations de la commission. En cas de déchéance encourue, le Gouverneur général ou le Résident supérieur délégué statue sur le rapport du président de la commission.

La partie de la concession provisoire mise, à l'expiration de la deuxième année, en état d'exploitation par le concessionnaire et n'atteignant pas au moins le cinquième de la surface des terrains provisoirement concédés pourra être néanmoins concédée définitivement à celui-ci, s'il en fait la demande, même avant l'expiration de la cinquième année.

Art. 10. — A l'expiration de la cinquième année à partir de la date de l'arrêté de concession provisoire, les parties de la concession non mises en état d'exploitation font retour au domaine public par simple décision administrative notifiée à l'intéressé ou insérée au *Journal officiel*. Le concessionnaire est envoyé, par arrêté du Gouverneur général ou du Résident supérieur, en possession définitive des terrains mis par lui en état de culture ou d'exploitation et non encore définitivement concédés.

Art. 11. — Les arrêtés de concession définitive,

soit partielle, soit totale, ne peuvent être signés avant que le concessionnaire ait fourni le plan du terrain dont il demande à être envoyé en possession définitive.

Ce plan est levé par les soins et aux frais du concessionnaire et fourni en double expédition. Il en est délivré récépissé par le résident dans la circonscription de laquelle est située la concession.

Ce plan doit réunir les conditions suivantes :

1. Être dressé à l'échelle de 1 10.000^e;

2. Être coté de façon à donner la surface exacte des terrains dont la concession définitivement est demandée;

3. Être orienté au nord vrai et rattaché à quelque point fixe et remarquable à la surface du sol.

Il est vérifié, sans frais pour le concessionnaire, par les soins de l'Administration, dans un délai maximum d'un mois, à partir de la date de son dépôt dans les bureaux du Résident. Passé ce délai, il sera considéré comme exact et l'arrêté de concession définitive pourra être signé.

Art. 12. — En cas de décès du concessionnaire avant le délai de cinq années, ses héritiers lui seront substitués de plein droit. Ils devront, s'ils ne sont pas présents, se faire représenter par un mandataire spécial, dans un délai maximun d'une année, à partir du jour du décès du concessionnaire; faute de quoi leurs droits deviendront caducs en ce qui concerne les parties de la concession non encore concédées définitivement au moment du décès, lesquelles feront retour au domaine sans qu'aucune prétention à des dommages-intérêts puisse être élevée relativement aux instruments, cultures et installations diverses qui se trouveraient sur ces parties. En cas d'association, le droit des associés est reconnu, à la condition que les dits associés soient Français et que les actes d'association aient été enregistrés et déposés, au préalable, à la Résidence supérieure du Cambodge. Ces actes sont restitués aux intéressés dans un délai maximum de quinze jours, à compter du jour de leur dépôt. Une copie certifiée des dits actes est jointe au dossier de concession.

Art. 13. — Les terrains concédés provisoirement sont exempts de l'impôt foncier, lequel sera perçu sur les terrains concédés à titre définitif, selon les lois, règlements et ordonnances en vigueur dans le royaume du Cambodge.

Art. 14. — L'administration se réserve le droit de reprendre, sur le terrain concédé à titre provisoire, les parcelles qui lui seraient nécessaires, notamment pour l'établissement des routes, chemins de fer et travaux d'utilité publique de toute nature, moyennant le paiement de la valeur des constructions, des cultures et des installations diverses qui se trouveraient sur ces parcelles.

Une commission déterminera, sans appel après examen des lieux, la valeur desdites constructions, cultures et installations.

Cette commission sera composée comme suit :

Le Résident de la province où est située la concession, *président* ;

Un colon français agriculteur ou à défaut, un agent des travaux publics ou de la garde indigène, désigné par le Résident supérieur ;

Le gouverneur de la province dans laquelle est situé le terrain.

Art. 15. — Les tombeaux, pagodes et constructions de toutes sortes affectées au culte ne devront subir aucune dégradation du fait du concessionnaire qui est tenu d'en laisser toujours l'accès libre.

Art. 16. — Le terrain concédé est grevé, dans les conditions de l'article 682 du Code civil, d'un droit de servitude de passage au profit des propriétés privées et communales qui existent ou pourront exister dans le voisinage.

Art. 17. — Les concessions rurales accordées à des Français, antérieurement à la promulgation du présent arrêté, restent régies par l'ordonnance royale du 27 juin 1887, ainsi que par les clauses particulières qui auraient été insérées dans les actes qui les constituent.

Art. 18. — Le Résident supérieur du Cambodge et le Directeur de l'agriculture et du commerce de l'Indo-Chine sont chargés, chacun en ce qui le concerne, de l'exécution du présent arrêté.

Saigon, le 26 avril 1899.

PAUL DOUMER.

NOUVELLE-CALÉDONIE

RÉGIME DES CONCESSIONS DE TERRES

Arrêté du 22 mars 1898

Art. 1. — Des concessions gratuites de terre sont accordées aux immigrants, célibataires ou mariés et possédant des ressources suffisantes qui viennent s'établir en Nouvelle-Calédonie pour y entreprendre des exploitations agricoles.

Art. 2. — L'étendue de ces concessions peut varier suivant les accidents du terrain et sa qualité.

Cette étendue ne sera jamais inférieure à dix hectares ni supérieure à vingt-cinq et comprendra toujours au moins cinq hectares de terres à cultures.

Art. 3. — Les immigrants à leur arrivée dans la colonie choisiront leur concession parmi celles qui seront disponibles dans les centres créés.

Dans le cas où plusieurs demandes se produiraient en même temps pour l'obtention des mêmes lots l'attribution de ces lots se ferait par la voie du tirage au sort.

Art. 4. — Le concessionnaire est tenu de mettre

son terrain en valeur et de l'habiter. Il ne peut s'en absenter pendant plus de six mois sans aviser l'Administration et se faire remplacer par un gérant libre.

Art. 5. — Il est délivré au concessionnaire au moment de son installation un titre provisoire. Ce titre provisoire sera transformé en titre définitif de propriété au bout de cinq ans et seulement s'il a été planté en caféiers ou autres plantes de longue durée (caoutchouc, vanille, etc.) Le délai de cinq ans indiqué ci dessus peut-être réduit à trois ans si les caféiers ou autres plantes de longue durée occupent les deux tiers de la surface susceptible de les recevoir.

Art. 6. — L'émigrant qui dispose du capital exigé de 5.000 francs peut obtenir dans le centre de colonisation libre où il s'est établi, et touchant celle qui lui a été attribuée à titre gratuit, une concession à titre onéreux.

Un capital supérieur à dix, vingt ou trente mille francs donne droit à deux, trois ou quatre concessions à titre onéreux sans que toutefois la surface totale de ces concessions et de celle qui est gratuite puisse dépasser cent hectares.

Art. 7. — Dans les centres de colonisation libre, les concessions à titre onéreux entraînent pour leurs détenteurs les mêmes obligations énumérées aux articles 4 et 5 du présent arrêté. que les concessions gratuites.

Art. 8. — L'exécution de ces obligations sera constatée par l'administrateur de l'arrondissement ou son délégué agréé par le Gouverneur.

Art. 9. — Tout concessionnaire qui, sauf le cas de force majeure, ne remplira pas ces obligations sera dépossédé par décision du Gouverneur en Conseil privé.

L'Administration pourra, selon les circonstances dont elle sera seule juge, rembourser au concessionnaire à titre onéreux le prix de son achat et en même temps la plus-value qu'il aurait pu donner au terrain, et, au concessionnaire à titre gratuit le montant de cette même plus-value.

A cet effet l'administration pourra, soit indemniser elle même le colon dépossédé, soit le faire payer sur le produit qui sera obtenu en faisant vendre aux enchères publiques la concession en question.

Le chiffre de la somme à payer sera fixé par le Gouverneur en Conseil privé, soit au moment où la déchéance sera prononcé soit ultérieurement.

Art. 10. — Les officiers ou fonctionnaires, cinq ans avant l'époque de leur admission à la retraite, les jeunes gens nés dans la colonie et âgés de 21 ans ou ayant rempli les obligations du service militaire et les sous-officiers et soldats qui prennent leur congé dans la colonie ont droit, sous la réserve des mêmes obligations, aux avantages que ceux accordés aux émigrants.

Art. 11. — Les engagés amenés par les émigrants ou appelés dans la colonie peuvent aussi recevoir individuellement une concession gratuite.

Cette concession est accordée autant que possible dans le voisinage de celle occupée par l'engagiste. L'obtention à titre définitif de sa concession par l'engagé, soumise aux conditions générales indiquées ci-dessus, articles, 5, 8 et 9 est en outre réglementée ainsi qu'il suit :

1° A l'expiration du contrat d'engagement l'engagé, devenu véritablement concessionnaire, bénéficiera, sur sa demande, d'un nouveau délai de trois ans pour effectuer la mise en valeur, prévue au paragraphe second de l'article 5 précité, de la moitié de la surface cultivable.

2° Si le contrat d'engagement est rompu avant son expiration, la concession qui lui avait été attribuée fait retour à l'administration. Au moment où cette concession, ainsi devenue disponible, serait attribuée à une autre personne, celle-ci devra le remboursement de la valeur, évaluée par expertise, des améliorations produites sur la concession.

Art. 12. — Le présent arrêté qui abroge toutes les dispositions antérieures sur la matière et notamment les arrêtés en date des 10 juillet et 19 novembre 1895 sera inséré au *Journal* et au *Bulletin officiel* de la colonie.

Le Gouverneur,

FEILLET.

NOUVELLE-CALÉDONIE

ESSAI DE CRÉDIT POUR LA COLONISATION
FAMILIALE

Une intelligente collaboration s'est produite tout récemment entre de vaillantes familles de travailleurs désireuses de s'installer en *Nouvelle-Calédonie* et un petit groupe de capitalistes, parmi lesquels on compte M. le comte de Castries, M. le duc de Bassano, etc... M. le comte de Castries a publié quelques notes fort intéressantes au sujet des deux essais déjà faits, et voici de façon précise à quelle combinaison on a recouru pour procurer au premier des colons aidés, M. Lapetite, le capital de 10,000 fr. qui lui était nécessaire.

Les idées principales qui ont inspiré cette combinaison sont les suivantes :

1° Répartir sur plusieurs têtes le montant du prêt, afin de diminuer pour chacune la part contributive et d'intéresser un plus grand nombre de personnes à une entreprise coloniale. Le promoteur de l'affaire en assume, d'ailleurs, toute la responsabilité financière ;

2° Ne pas faire un prêt gratuit ; mais fournir une rémunération raisonnable au capital avancé ;

3º Supprimer tout danger de perte du capital en le garantissant par une assurance mixte ;

4º Ne pas imposer à l'émigrant une charge trop lourde, surtout pendant les premières années ;

5º Obliger, enfin, l'émigrant à des économies fructueuses.

Ces diverses conditions ont été ainsi réalisées :

Il a été prêté au futur colon, au taux de 3.50 0/0, la somme de 10,000 fr., pour une durée de dix années ; le payement des intérêts ne commence qu'après trois années révolues, et celui des intérêts différés s'effectue en une seule fois, en même temps que le remboursement du capital. En représentation de l'obligation qu'il a contractée et se confondant avec elle, le colon a souscrit, au profit du prêteur, des billets à ordre de 1,105 fr. chacun, (1,000 + 3 × 35 = 1,105), que celui-ci peut transmettre, par endossement, à des personnes qui s'intéressent à l'entreprise.

En même temps, et comme garantie du capital qui lui a été avancé, le colon a contracté à une Compagnie d'assurance une assurance à primes temporaires au capital de 10,000 fr., pour une durée de vingt ans.

Aux termes de la police dont le prêteur est bénéficiaire, le colon, dans l'espèce que nous prenons pour exemple, doit payer une prime annuelle de 436 fr. 40. En cas de décès de l'assuré, le remboursement immédiat et intégral du capital avancé est donc garanti, et, en cas de vie, le colon peut, après vingt ans, choisir entre le remboursement d'une somme qui dépassera le capital assuré ou d'autres combinaisons prolongeant son assurance d'une façon avantageuse.

Nous avons cru devoir indiquer les détails de cette combinaison, parce qu'on vient d'en faire deux excellentes applications et qu'il serait fort utile à la cause de la colonisation de la répandre et d'en multiplier les applications.

COTE DES SOMALIS

Djibouti

RÉGIME DES CONCESSIONS DE TERRES
Arrêté du 29 décembre 1899

CONCESSIONS TRENTENAIRES OU A TITRE DÉFINITIF

Le gouverneur du protectorat de la Côte Française des Somalis et dépendances ;

Vu l'arrêté du 1ᵉʳ janvier 1892, accordant à Djibouti des concessions trentenaires ou à titre définitif;

Vu le développement pris par la colonie ;

Vu l'arrêté du 18 novembre 1899;

Vu les délibérations du Conseil d'administration, en date des 13 novembre et 29 décembre 1899;

ARRÊTE :

Article premier. — Les terres de la colonie se divisent en trois catégories: terrains urbains, suburbains et ruraux.

Les terrains urbains comprennent les plateaux de Djibouti, du Serpent, du Marabout et du Héron.

Les terrains suburbains forment un pentagone irrégulier, qui s'étend entre les limites mêmes de Djibouti, la ligne du chemin de fer jusqu'au kilomètre 7.

Une ligne allant du kilomètre 7 au phare d'Bayabelé, une autre ligne allant du phare d'Bayabelé à l'embouchure de la rivière d'Ambouli, enfin la mer. Le village de Boulaos, qui est en dehors de la ligne du chemin de fer, est classé dans les terrains suburbains.

Les terrains ruraux comprennent le reste de la colonie.

Terrains urbains

Art. 2. — Les terrains urbains sont soumis au régime établi par l'arrêté du 13 novembre 1899, c'est-à-dire sont concédés à titre onéreux.

Terrains suburbains

Art. 3. — Les terrains suburbains se divisent à leur tour en trois catégories: terrains pour constructions, terrains pour cultures, terrains pour industries.

Art. 4. — *Les terrains pour constructions* sont concédés gratuitement à toute personne qui en fera la demande, pour une période de cinq, dix ou trente ans, suivant que les constructions seront: 1º des paillotes, 2º des maisons en bois, en terre sèche ou 3º enfin des maisons en pierres hourdées à la chaux, offrant le caractère d'une durée de vingt ans au moins.

Ces constructions feront retour à la Colonie au bout de cinq, dix ou trente ans, selon leurs catégories respectives.

Les délais de cinq, dix ou trente, ans commenceront à courir seulement à partir du 1er janvier 1900 pour toutes les constructions déjà édifiées. Une Commission administrative appréciera, au bout de cinq et dix ans, dans quelle catégorie devront rentrer les terrains concédés.

Art. 5. — Comme le pentagone suburbain ne comprend guère plus de six kilomètres de diamètre dans tous les sens, nulle concession pour culture ne pourra excéder un hectare.

Ces concessions sont également gratuites et valables pour trente ans.

Toute concession qui restera deux ans sans être travaillée fera retour à la colonie.

Art. 6. — Les terrains pour industries sont également concédés à titre gratuit et pour une période de trente ans.

Dans le cas où l'industrie resterait cinq ans sans être exploitée, les terrains et constructions retourneront à la colonie.

Terrains ruraux

Art. 7. — Les terrains ruraux sont accordés gratuitement pour une période de cinquante ans, jusqu'à concurrence de 1,000 hectares. Toutefois l'occupation ne pourra se faire que par parcelle de 250 hectares. Lorsque ces 250 hectares auront été mis en valeur, une nouvelle parcelle de 250 hectares pourra être accordée, et ainsi de suite jusqu'à la mise en valeur des 1.000 hectares.

Au bout de cinquante ans les terrains et constructions appartiendront à la colonie.

Toute parcelle qui restera cinq ans sans avoir été mise en valeur, fera retour à la Colonie.

Dispositions Générales

Art. 8. — Les concessions feront l'objet de demandes, qui indiqueront les noms et prénoms des pétitionnaires, lesquels devront en même temps faire connaître la situation, la contenance approximative et la limite générale de la concession.

En cas de plusieurs demandes, ayant pour objet le même terrain, les nationaux ou sujets français jouiront d'un droit de préférence.

Art. 9. — Les concessions ne comprennent que la surface du sol. Les mines et carrières autres que les matières de construction et généralement les produits du sous-sol sont réservées. Les carrières de matériaux de construction et les gîtes d'alluvion sont compris dans les concessions.

Art. 10. — Tout acte de concession sera inscrit sur un registre ad hoc tenu au secrétariat général.

Art. 11. — Les transferts ou ventes qui pourraient avoir lieu pendant la jouissance de la concession, ne sauraient prévaloir contre les droits de la Colonie à rentrer en possession des terrains concédés au bout des périodes respectives de dix vingt, trente ou cinquante ans.

Art. 12. — Les terrains concédés pour ces différentes périodes ne pourront plus faire l'objet d'une concession nouvelle. Les propriétaires primitifs auront toutefois un droit de préemption ; dans ce cas il leur sera tenu compte seulement de la valeur du sol, d'après le prix courant.

Art. 13. — L'appréciation des travaux nécessaires pour qu'une concession soit considérée comme mise en valeur est laissée au Conseil d'administration de la Colonie qui juge souverainement.

Art. 14. — Quiconque voudra acquérir dans la banlieue ou dans le reste de la colonie une propriété définitive, ou transformer sa concession en concession définitive, pourra le faire en se conformant aux prescriptions de l'arrêté du 13 novembre 1890.

Art. 15. — Les terrains concédés restent grevés au profit de la colonie des servitudes de passages qui seront reconnus nécessaires par l'administration supérieure.

Art. 16. L'Administration se réserve le droit pendant toute la durée de la concession de reprendre les parties de terrains qui lui seraient nécessaires pour les travaux d'utilité publique de toute nature, moyennant le payement de la valeur des constructions, des cultures et des installations diverses qui se trouveraient sur ces parties de terrain.

Une Commission composée de quatre fonctionnaires, dont le Gouverneur, président, et de trois colons, détermine préalablement et sans appel, après examen des lieux, la valeur des dites constructions, cultures et installations. La même

Commission apprécie également le prix courant des terrains, au moment où les lots concédés font retour à la Colonie.

Art. 17. — En cas de décès du concessionnaire, ses héritiers lui sont substitués de plein droit.

En cas d'association, le droit des associés est reconnu, à condition que les actes d'association aient été déposé au préalable au secrétariat général.

Art. 18. — Les contestations entre le concessionnaire et l'administration seront soumises au Conseil d'administration de la colonie, statuant au contentieux.

Le Secrétaire général est chargé de l'exécution du présent arrêté, qui sera provisoirement exécutoire, jusqu'à l'approbation de M. le Ministre des colonies.

Djibouti, le 29 décembre 1899.

Le Gouverneur,

A. MARTINEAU.

GOUVERNEMENT DU CONGO FRANÇAIS

Libreville

CONCESSIONS RURALES

ARRÊTÉ du 4 avril 1899 portant régime des concessions rurales, au Congo, de 10,000 hectares et au-dessous.

Le Commissaire Général du Gouvernement au Congo français, Officier de la Légion d'honneur,

Sur la proposition du Secrétaire Général ;
Le Conseil d'Administration entendu,

Arrête :

Art. 1er. — Les concessions de terrains ruraux de 200 à 10,000 hectares, dont l'octroi est réservé au Commissaire général du Gouvernement, seront accordées dans les conditions et les formes suivantes :

§ I. — Elles feront l'objet de demandes qui devront indiquer les nom et prénoms, les lieu et date de naissance ainsi que le domicile des pétition-

...aires qui devront joindre au dossier les pièces constatant leur nationalité.

Les pétitionnaires devront en outre faire connaître la situation, la contenance approximative, les limites générales de la concession ainsi que le genre d'exploitation auquel ils entendent se livrer.

En cas de plusieurs demandes ayant pour objet les mêmes terrains, les nationaux ou sujets français jouiront d'un droit de préférence.

§ II. — Tout pétitionnaire devra justifier qu'il peut disposer, pour la mise en valeur des terrains concédés, d'un capital initial d'au moins 200,000 francs pour une étendue de 5,000 à 10,000 hectares, ou d'au moins 40 francs par hectare, pour les concessions de moindre étendue, sans toutefois que ce capital puisse être inférieur à 10,000 francs.

Art. 2. — Tout transfert par voie d'échange, vente ou cession de concession provisoire, devra être préalablement soumis à l'approbation du chef de la colonie en conseil d'administration. Il devra, en conséquence, être notifié à l'administration locale dans un délai de six mois.

Art. 3. — Les concessions sont divisées en deux catégories et en deux zones :

Première zone

Région côtière : LIBREVILLE, BAS-OGOUÉ, LOANGO.

1. Concessions de terrains propres aux cultures industrielles (cacao, café, caoutchouc, etc)
2. Concession de terrains propres à l'élevage et à l'exploitation des produits naturels du sol.

Deuxième zone

Région de l'intérieur : BRAZZAVILLE

1. Concessions de terrains propres aux cultures industrielles (cacao, café, caoutchouc, etc.)
2. Concessions de terrains propres à l'élevage et à l'exploitation des produits naturels du sol.

Art. 4. — Les concessions ne comprennent que la surface du sol. Les mines et carrières autres que les carrières de matériaux de construction et généralement les produits du sous-sol sont réservés. Les carrières de matériaux de construction et les gîtes d'alluvion sont compris dans les concessions.

Les concessions riveraines de la mer et des cours d'eaux sont soumises, sauf stipulations spéciales, aux servitudes générales spécifiées par le décret du 8 février 1899.

Art. 5. — Les terrains concédés restent grevés au profit des propriétés privées et communales qui existent ou pourront exister dans le voisinage, des servitudes de passage qui seront reconnues nécessaires par l'administration supérieure.

Art. 6. — Les frais nécessités par les travaux de délimitation et par les transactions à intervenir avec les indigènes ou avec tout autre ayant droit pour abandon de droits usagers, seront à la charge des concessionnaires et demeurent fixés à une somme de 0 fr. 50 par hectare. Ils seront effectués par les soins de l'administration locale qui ne délivrera le titre provisoire de concession qu'après le règlement desdits frais.

Art. 7. — Tout acte de concession sera inscrit sur un registre *ad hoc* tenu au Secrétariat général, et sera soumis à la formalité de l'enregistrement.

Art. 8. — Les concessionnaires, aussitôt en possession de leur titre de concession provisoire, devront payer annuellement à la colonie une redevance fixe calculée sur la totalité de la concession accordée, ainsi qu'il suit :

1re ZONE (Région cotière, Libreville, Bas-Ogoué, Loango.)

A. *Concessions de terrains propres aux cultures industrielles* (cacao, café, caoutchouc, etc.)

5 centimes par hectare pendant chacune des cinq premières années ;
20 centimes par hectare pendant la 6e et la 7e année ;
50 centimes par hectare pendant la 8e, la 9e et la 10e année ;
1 franc par hectare pendant chaque année à partir de la 10e exclusivement.

B. *Concessions de terrains propres à l'élevage et à l'exploitation des produits naturels du sol.*

5 centimes par hectare pendant chacune des trois premières années ;
10 centimes par hectare pendant la 4e, la 5e et la 6e années ;
30 centimes par hectare pendant la 7e, la 8e, la 9e et la 10e année ;

70 centimes par hectare pendant chaque année à partir de la 10e exclusivement.

2e Zone (Région de l'intérieur. Brazzaville)

A. *Concessions de terrains propres aux cultures industrielles* (cacao, café, caoutchouc, etc.).

5 centimes par hectare pendant chacune des cinq premières années ;

25 centimes par hectare pendant chacune des cinq années suivantes ;

50 centimes par hectare pendant chaque année à partir de la 10e exclusivement.

B. *Concessions de terrains propres à l'élevage et à l'exploitation des produits naturels du sol.*

5 centimes par hectare pendant chacune des trois premières années ;

25 centimes par hectare et par an à partir de la 3e année exclusivement.

Art. 9. — Les redevances fixées à l'art. 8 tiendront lieu d'impôt foncier et ne pourront être augmentées qu'après la 20e année à dater du jour de l'envoi en concession provisoire et seulement dans la mesure que pourra comporter la péréquation des charges imposées aux propriétés bâties et non bâties de la colonie.

Art. 10. — Le titre provisoire de concession sera transformé en titre définitif de propriété dès que le concessionnaire aura mis en valeur au moins le cinquième de la superficie concédée.

Art. 11. — La mise en valeur comporte le détrichement, sous réserve des mesures destinées à empêcher la destruction des essences utiles à l'assainissement du terrain, l'ouverture de routes ou de chemins et l'aménagement des exploitations forestières et agricoles.

Pour les terrains plus particulièrement propres à l'élevage, cette mise en valeur comprend en outre la formation de troupeaux d'animaux domestiques dans la proportion d'au moins une tête de gros bétail ou trois têtes de menu bétail par trois hectares de pâturage.

Art. 12. — Les concessionnaires d'exploitation de caoutchouc seront tenus, afin d'éviter la disparition complète des essences à latex, de planter tous les cinq ans, à compter du jour de l'entrée en possession effective, au moins cinq pieds de caoutchouc par hectare concédé. Ils veilleront, en outre, à ce que l'exploitation de ce produit soit effectuée par les indigènes de manière à éviter la destruction des lianes et arbres exploités.

Art. 13. — § I. Le concessionnaire est tenu, sous peine de déchéance, de construire dans l'année qui suivra la remise du titre provisoire de concession, une maison d'habitation à l'usage des Européens, et des communs pour loger les travailleurs indigènes. A cet effet, toute habitation à l'usage des Européens élevée dans les limites d'une concession, comporte, suivant l'importance des constructions, l'attribution de cinq à dix hectares dan la désignation des superficies considérées comme mises en valeur.

§ II. Le concessionnaire devra également, sous

peine de déchéance, avoir mis en valeur à la fin de la cinquième année de l'envoi en possession provisoire, une superficie d'au moins 50 hectares pour une concession de 5,000 à 10,000 hectares et proportionnellement pour une concession de moindre étendue, sans cependant que le minimum des terrains mis en valeur soit inférieur à 25 hectares, quand la concession comprendra au moins 1.000 hectares.

Pour les concessions de moindre étendue, les obligations seront déterminées par l'acte même de concessions suivant les circonstances et la nature de l'exploitation.

§ III. Les détenteurs de titres de concessions destinées à l'élevage devront avoir constitué, à la fin de la cinquième année, des troupeaux de 500 têtes de gros bétail ou de 1,500 têtes de menu bétail pour 10,000 hectares.

Art. 14. — Dans le cas où au bout de six ans, le concessionnaire n'aurait pas mis en valeur au moins le cinquième de sa concession, il pourra cependant lui être accordé, sur sa demande, en toute propriété, un territoire équivalent à quatre fois la partie mise en valeur. Cette option pourra être rendue obligatoire à l'expiration de la vingtième année. Dans ce cas, le surplus, non concédé à titre définitif, retournera de droit à l'Administration locale qui en aura désormais la libre disposition.

Art. 15. — l'Administration se réserve le droit jusqu'à l'expiration de la dixième année à partir de la date de concession provisoire, de reprendre les parties de terrains, non encore concédées à titre définitif, qui lui seraient nécessaires pour les travaux d'utilité publique de toute nature, moyennant le paiement de la valeur des constructions, des cultures et des installations diverses qui se trouveraient sur ces parties de terrain.

Une commission détermine préablement et sans appel, après examen des lieux, la valeur des dites constructions, cultures et installations. Cette commission est composée comme suit :

L'Administrateur de la région ou son délégué, *président*;

Un agent du Service local, désigné par le Chef de la région ;

Un colon français, désigné par le concessionnaire intéressé.

Art. 19. — En cas de décès du concessionnaire, ses héritiers lui sont substitués de plein droit sur la production des titres authentiques constatant leurs droits à la succession.

Ils devront, s'ils ne sont pas présents, se faire représenter par un mandataire spécial, dans un délai maximum d'une année à partir du jour du décès du concessionnaire, faute de quoi leurs droits deviendront caducs en ce qui concerne les parties de la concession non encore concédées à titre définitif au moment du décès.

En cas d'association, le droit des associés est reconnu à condition que les actes d'association aient été déposés au préalable au Secrétariat Général.

Ces actes sont restitués aux intéressés dans un

délai maximum de un mois à compter du jour de leur dépôt.

Une copie certifiée des dits actes est jointe au dossier de la concession.

Art. 17. — La juridiction administrative régionale sera chargée du règlement des litiges entre concessionnaires et indigènes.

Appel de ces décisions pourra être fait devant le Commissaire Général en Conseil d'administration.

Art. 18. — Les contestations entre les concessionnaires et l'Administration seront soumises au Conseil du contentieux de la colonie.

Art. 19. — Les concessions de terrains ruraux d'une contenance inférieure à 200 hectares continueront à être accordées par le Commissaire Général en Conseil d'administration, à titre gratuit ou onéreux et à des conditions qui seront déterminées pour chaque cas par l'acte de concession lui-même.

Art. 20. — Sont et demeurent abrogées les dispositions des arrêtés antérieurs relatifs aux concessions de terrains ruraux au Congo français (concessions de 1 à 10,000 hectares) en ce qu'elles ont de contraire au présent arrêté, lequel, en aucun cas, ne pourra avoir d'effet rétroactif.

Le Secrétaire Général est chargé de l'insertion et de l'exécution du présent arrêté qui sera publié au *Bulletin officiel* et affiché dans tous les centres du Congo habités par des Européens.

Le présent arrêté, provisoirement exécutoire dans la colonie, sera soumis à l'approbation du ministre, conformément aux dispositions de l'article 5 du décret sur les concessions territoriales.

H. DE LAMOTHE.

ALGÉRIE

CONCESSIONS DE TERRES

Programme de 1900-1901

Le Gouvernement général de l'Algérie ne cesse de donner ses soins à l'œuvre de la colonisation pour *l'élément métropolitain* faisant contre-poids à l'*élément indigène* qui se développe et à l'*élément étranger* qui s'accroît chaque année (1).

Le programme de colonisation pour la période de 1900-1901, dressé par ordre de M. le Gouverneur général, sous la direction de MM. Delanney, Secrétaire général du gouvernement, témoigne de la vigilante activité de la haute administration algérienne en faveur de l'œuvre éminemment pratique du *peuplement français*. Ce programme nouveau comprend 737 concessions agricoles, 26 lots de ferme et 181 lots industriels. Le département d'Alger y figure pour 202 lots de la première catégorie, 52 de la seconde et 134 de la troisième. Le département d'Oran y compte 234 concessions agricoles. Le département de Constantine a, pour sa part, 200 conces-

---

(1) Politique coloniale.

sions agricoles, 14 lots de ferme et 47 lots industriels.

La moyenne des colons appelés au *peuplement* des concessions agricoles est de quatre personnes par concession; sur les lots de ferme (100 hectares) une personne par vingt hectares; sur les lots industriels, trois personnes par lot. Ce sera donc, au total, une installation d'environ 4.000 habitants.

Dans le département d'Alger, l'accroissement de population préparé par le programme de colonisation 1900-1901 portera sur les arrondissements d'Orléansville, de Miliana et de Médéa; dans le département d'Oran, il s'étendra aux arrondissements de Sidi-bel-Abbès, de Mascara, de Tlemcen et au cercle de Geryville en territoire de commandement; dans le département de Constantine, les arrondissements de Sétif, de Batna, de Constantine, de Bougie et de Guelma bénéficieront du mouvement projeté.

Les immigrants français qui seront admis à participer à ces nouveaux *peuplements* n'auront pas à craindre l'isolement dans les régions où ils iront se fixer. Ils y trouveront les colons métropolitains qui les ont précédés dans le pays, et les fils de colons appartenant aux premières générations de la France africaine.

Ils n'auront pas quitté le sol national; car — nous l'avons dit ailleurs — c'est bien la patrie française cette terre où grandissent 300 cités agricoles nées d'hier, et qui, par les noms qu'elles portent, rendent hommage à nos gloires nationales.

La population française de l'Algérie, si profondément attachée à la mère-patrie, aime à saluer les grands souvenirs qu'évoquent toutes les jeunes bourgades revêtues de noms immortalisés par les héros français comme Bayard, Condé, Villars, La Fayette, Montcalm, Macdonald, Kellermann, Lecourbe, Foy (département de Constantine); Marbot, Marceau, Masséna, Desaix, Hoche, Vauban, (département d'Alger); Pelissier, Chanzy (département d'Oran) Cavaignac (département d'Alger) ; Végrieg, Bréa (Oran) qui ont défendu l'ordre dans les temps troublés ; — Bugeaud, Canrobert, Randon, Clauzel, Damrémont, Munier, Valée, Lacroix, Périgot, Faidherbe (Constantine) Bourbaki, Changarnier, Dutertre, Lavarande, Charon, Margueritte (Alger) ; Chanzy, Pélissier, Lamoricière, Bedeau, Lourmel, Perregaux, Deligny, Bosquet (Oran), et tant d'autres vaillants capitaines auxquels nous devons la conquête et la pacification de l'Algérie.

Nos colons sont fiers de donner pour lieu de naissance à leurs enfants des communes qui portent ces grands noms de victoires françaises : Walmy, Fleurus, Aboukir, Inkerman, Rivoli, Arcole, Magenta, Palikao (Oran) Damiette, Wattignies, Palestro, Marengo, Montebello, Montenotte, Novi, Rovigo, Alma, Malakoff, Castiglione (Alger) ; Jemmapes, Navarin, Millesimo, Mondovi, Gravelotte (Constantine).

D'autres bourgades rappellent nos marins glorieux : Jean-Bart, Lapérouse, Surcouf, Courbet, Duperré (Alger); Duquesne (Constantine); Tourville (Oran).

Strasbourg (Constantine) est aujourd'hui le berceau des jeunes français qui donneront à la patrie des défenseurs que l'Alsace lui fournissait naguère. Châteaudun (Constantine) enfantera des héros, car les concitoyens de cette nouvelle ville algérienne, nourris dans les traditions nationales, respireront toute la vaillance de leurs compatriotes de la mère-patrie.

Les Français d'Algérie qui habitent Richelieu, Colbert, Tocqueville (Constantine); Dupleix, Mirabeau, Carnot, Thiers (Alger); Turgot (Oran), aiment à rappeler à leurs enfants la vie de ces citoyens illustres.

Nos gloires littéraires et artistiques nos savants immortels arborent leurs noms sur des villes naissantes qui s'appellent: Lavoisier, Pasteur, (Constantine); Palissy, Parmentier, Renan, Prévost-Paradol (Oran); Rabelais, Lamartine, About, Bert, Littré, Michelet, Lavigerie (Alger).

Les Régulus français, Labarbinais et Levacher, ont donné leur nom à deux centres du département de Constantine. Flatters et Crampel sont deux bourgades du département d'Alger et d'Oran.

L'Algérie n'oublie pas les peintres qui sont venus s'inspirer sous son ciel enchanteur: Horace Vernet et Fromentin sont deux centres du département d'Alger.

Cent autres noms empruntés à des cités françaises et à des célébrités de notre pays donnent aux villes naissantes de l'Algérie une couleur nationale puissamment suggestive.

Quand tous ces centres, abondamment peuplés,

auront fait rayonner la vie autour d'eux, le Tell africain comptera *dix millions de Français*, et ce vaste territoire pourra former vingt départements ou mieux *vingt provinces*, car d'ici là il faut bien espérer qu'on aura eu la sagesse de renoncer à une administration calquée servilement sur l'organisation métropolitaine et d'entrer résolument dans la voie de la décentralisation large et hardie que commandent à la fois la logique et l'intérêt bien compris de notre grande colonie algérienne.

Le Bulletin de renseignements de l'Algérie, du 1er Mars 1900, contient tous les renseignements sur l'obtention des concessions en Algérie et le détail des lots disponibles. Il suffira de se reporter à ce document qu'on trouvera, 26, galerie d'Orléans, Paris.

FIN

TABLE DES MATIÈRES

Pages

Liste des ouvrages du même auteur.	2
Dédicace.	5
Portrait du général Galliéni	6
Avant-propos.	7

PREMIÈRE PARTIE
Le Peuplement de nos Colonies

La part des militaires coloniaux dans la Colonisation	9
Colonisation par des militaires coloniaux.	10
Projet Rochefort.	11
Projet Bozerian.	12
Soldats et colons pénitentiaires.	13
Emploi des condamnés.	14
Soldats coloniaux. — Concessions sur place.	15
Misère des soldats libérés revenant des colonies.	16
Patriotes sans patrie. — Alsaciens-Lorrains.	17
En Australie	17
A l'étranger. — A Paris.	18
Faveurs et subventions aux criminels.	19
Les crédits d'émigration.	20
Mouvement de l'émigration.	21
Emigration générale.	22
Colonisation	23
Où émigrer ?	25
Le Français colonisateur.	26
Au Mexique — Dans la République Argentine.	27
Appel au Parlement.	29
Les Romains soldats et colons. — Les Russes	30
Colonisation militaire annamite.	32

TABLE DES MATIÈRES

Pages

Au Tonkin. 33
A Madagascar. 34
Colonisation militaire à Madagascar. 36
En Nouvelle-Calédonie. 40
L'auto-recrutement des colons. 41
La question des 5000 francs 43
Le succès. — Ce qui se passe en Australie. . . . 44
Colonisation industrielle. 46
Colonisation en famille. 47
Candidats-colons. 47
L'œuvre du général Galliéni. 48
Lots de terre disponibles. 49
Concessions déjà accordées. 50
Le soldat laboureur. 51
Impressions du Gouverneur Général. 52
Premier exemple. 55
Deuxième et troisième exemples. 56
Le rôle colonial de l'officier. 58
Le colonel Lyautey et le soldat colonisateur. . . . 62
Projet Brunet. 64
Les subsides. 65
Lettre du général Galliéni. — Son programme. . . 66
Proposition Bazille et Dutreix. 68
Agents généraux de colonisation. 68
Vœux du Congrès de 1896. 69
Agence de colonisation en France. 70
    —   au Tonkin 71
Assistance en ce qui concerne les terres. 71
    — en ce qui concerne l'agriculture 72
Assistance sur le terrain de la main d'œuvre. . . . 72
    — sur le terrain économique 72
Service d'émigration et propagande en Angleterre. . 73
Émigration des femmes. 76

TABLE DES MATIÈRES

Pages

Les fonds. — Propagande coloniale. 76
Emigration anglaise. 79
Les missions et les écoles. 79
Compagnies coloniales. — Autonomie. 80
Société d'aide et protection aux colons. 81
Concours de l'État. 84
Initiative individuelle. — Groupement de colons. 85
Exposé du projet. 87
Les ressources. 89
La maison de famille coloniale. 90
Le rôle de la presse. 90
Emigration étrangère. 91
Période d'attente indéfinie. 91
Ense et aratro — Opinion de M. Rousseau. . . . 92
Opinion des Anglais. 93
Procédés de colonisation française au XVIIe siècle. 93
Plan de colonisation pour les militaires. 94
Militaires en famille. 96
Secours mutuels dans la colonisation. 97
Jardins et petites concessions. 98
Vauban colonisateur. 99
Situation de la France en 1699. 100
Situation de la France en 1899. 101
Les monopoles. — Les religieux. 101
Main d'œuvre. 102
Rôle de la femme française dans la colonisation. 103
Les « Filles du roi » au Canada. 105
Les Canadiens-Français. 106
Orphelinats et écoles. 107
L'Alliance française. 108
Les familles de colons. 109
Conclusions actuelles du plan de Vauban. 111
Ressources nécessaires. 112

Concessions militaires en N^{lle}-Calédonie. 113
Concessions aux fonctionnaires. 113
Mesures à prendre. 114
En Tunisie. 114
Conclusions. 116

DEUXIÈME PARTIE

Le rôle des municipalités et de la Ville de Paris

Question sociale. 121
Projet de commission municipale du travail. . . . 122
Champs et bras disponibles. 122
Ministère des colonies 123
La Ville de Paris et les colonisateurs. 124
Suppression de l'exposition coloniale permanente. . 124
Un musée colonial et commercial. 125
L'Office du commerce extérieur. 125
L'Office colonial. 126
La participation des municipalités. 128
L'Assistance par la colonisation. 130
Pépinière de colons. 131
Débuts d'un colon parisien. 132
Subsides nécessaires. 132
Le Syndicat de la presse coloniale. 133
Le sou des colons. 134
Bureau municipal de colonisation. 133
Projet de résolution. 135
Exposé des motifs. 135
Conséquences et conclusions. 137

TROISIÈME PARTIE

Documents annexes

MADAGASCAR

Arrêté et circulaire sur la Colonisation militaire . . 141

TABLE DES MATIÈRES

Pages

Ouverture de crédits de Colonisation. 149
Livret du colon. 151

INDO-CHINE

Tonkin. — Concessions de terres. 161
           Contrats de travail. 172
           Tableau des Concessions accordées. . . 177
Annam. — Régime des concessions. 179
Cambodge. — Règlement des concessions 188

NOUVELLE-CALÉDONIE

Régime des concessions. 196
Crédits pour la colonisation familiale. 200

COTE DES SOMALIS

Djibouti. — Régime des concessions. 203

CONGO FRANÇAIS

Libreville. — Régime des concessions. 209

ALGÉRIE

Concessions et colonisation française. 219

TUNISIE

Acquisition de terres et colonisation française. 114

PETITE IMPRIMERIE VENDÉENNE - LA ROCHE-SUR-YON - 1905

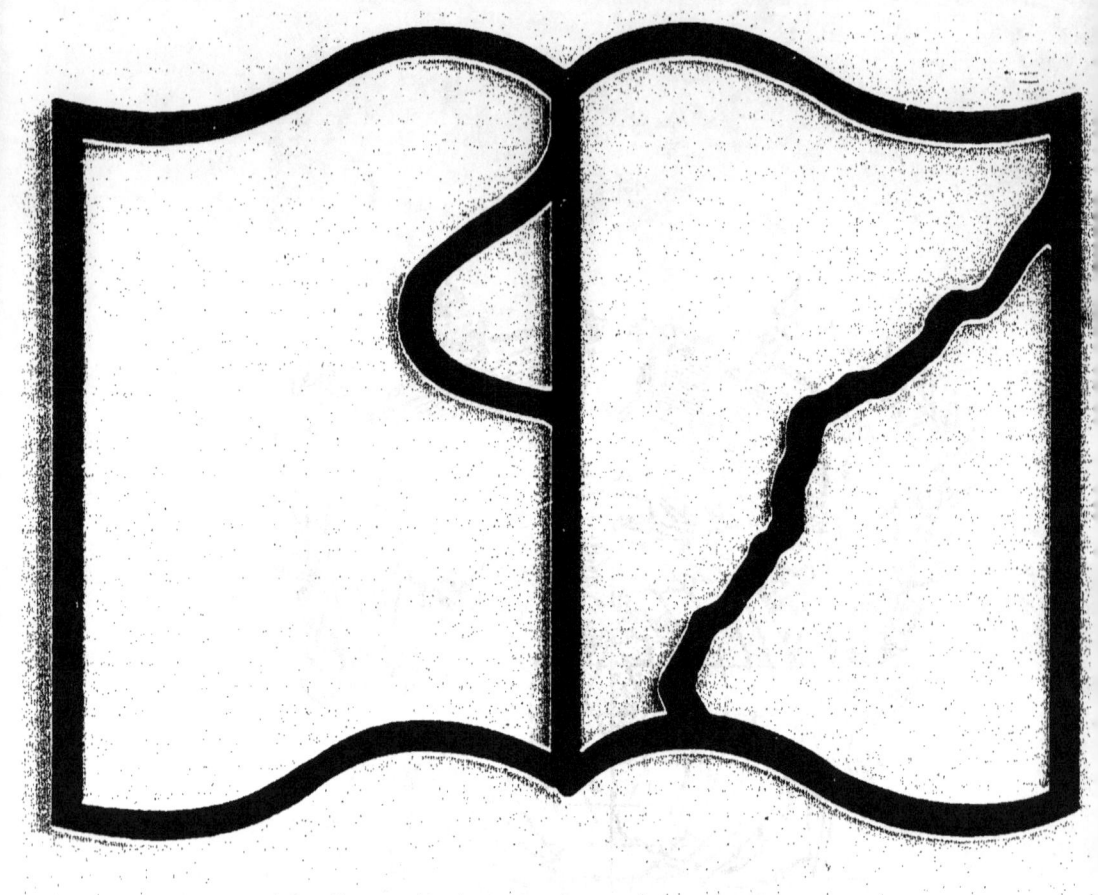

Texte détérioré — reliure défectueuse
NF Z 43-120-11